»Auch Botticelli
war eine gute Partie«

Inhalt

Maria Messina

Passanten

Die Sonne stand hoch am glühenden Himmel von Colonna. Sehr wenige Badegäste tauchten ruhig ins Wasser ein und trockneten sich danach im Sand ab, einander zulächelnd, ohne sich zu kennen, alle gleichermaßen freudig gestimmt durch die gleiche Erquikkung.

Liddei sah, mit einer gewissen Befriedigung im eingefallenen und mißmutigen Gesicht, von der Terrasse aus auf sie hinunter, doch gleich darauf zählte er bei sich wieder seufzend die ganz neuen Türen der leer gebliebenen Umkleidekabinen; bei diesem erneuten Zählen schweifte sein Auge über die Holzhäuschen und verweilte mit einer Art Stolz bei den kleinen Gruppen weißer und bunter Bademäntel, die sich träge am Strand oder im Schatten der Sonnensegel hin und her bewegten. Und schon war er wieder betrübt, weil ihm einfiel, daß niemand von den Herrschaften eine Vorauszahlung für die Dauernutzung der Kabinen geleistet hatte.

Es handelte sich um große Tiere: einen Commendatore und einen Grafen aus Trani, einen Professor aus Rom, den Chefredakteur einer Zeitung – alle mit Familie –, und sie kamen alle mit dem Auto, was der Badeanstalt zum Vorteil gereichte, und gestatteten nicht einmal ihm Vertraulichkeiten.

Wie konnte man bestimmten Leuten sagen: »Ich will bezahlt werden?«

Auf der Terrasse sprach man vom Krieg, der von einem Augenblick zum andern ausbrechen konnte, und doch trat Liddei näher.

»Wenn Italien sich auch einmischt«, rief der Lehrer Taralli, »dann Baden ade!«

»Und selbst wenn Italien neutral bleibt«, erwiderte der Rechtsanwalt Niccola, »die Kriegshandlungen können sich trotzdem in unserem Meer abspielen, und alle diese Bretter müssen weg.«

»Gewiß! Gewiß!« stotterte Liddei. »In unserem Meer. Und ich befürchte, daß die von den Kabinen die mißglückte Badesaison dann nicht bezahlen wollen!«

»Haben sie noch nicht bezahlt?« fragte der Lehrer Taralli und bereute, eine Vorauszahlung geleistet zu haben.

Liddei biß sich auf den Schnauzbart.

»Sie werden bezahlen. Es sind vornehme Herrschaften.«

»Aber die Schiffe«, rief Michele, der alte Fischer, »kommen bestimmt nicht nach Colonna! Das ist ja lächerlich! Wo mein eigenes Boot sich kaum im Lot hält, weil der Grund so nah ist!«

»Schweig!« unterbrach ihn Liddei und ging brüsk davon.

Wenn man zuviel redete, bestand immer die Gefahr, daß einem Dinge entschlüpften, die den Badegästen nicht enthüllt werden durften. Erwarteten sie etwa nicht tatsächlich den häßlichen Räumungsbefehl?

Umherschlendernd betrachtete er wieder seine »Bretter«, sein duftendes Meer, die buntgestrichenen Umkleidekabinen, die in der Sonne leuchteten: Alles,

alles konnte abgerissen, verwüstet werden! Schon sah er die Männer geschäftig Nägel herausziehen, das große Werk zerstören, das er – zum erstenmal – mühsam vollbracht und das sein Geld verschluckt hatte, schlimmer als ein Schwamm, der das Wasser in einer Schüssel aufsaugt.

Die zwei oder drei Familien, die auf der Terrasse zusammensaßen, freundeten sich an und beobachteten gemeinsam einen roten Bademantel, der am Strand entlanglief, ein Kind, das schwamm, Michele, der die von Delfino gefischten Krabben roh verspeiste; oder sie sprachen ein wenig über den Papst, der gestorben war, über viele illustre Persönlichkeiten, die gestorben waren …

Doch eine Art Trägheit hüllte die Geister ein. Während sie im lastenden Schweigen aller Dinge dem ruhigen Plätschern des Meeres lauschten, hatte jeder das Gefühl zu schlafen und zu erwachen, zu erwachen und zu schlafen. Die wenig erheiternden Gespräche jedoch, von langen Pausen unterbrochen, riefen keinerlei Gemütsbewegungen hervor.

Eine Kutsche hielt in der Ferne, mit den Rädern im Wasser: Herrschaften, die sich im Schutz des aufgeklappten Verdecks auszogen, um zu baden. Jemand spannte zwischen den Steinen ein Laken zu einem provisorischen Sonnensegel.

»Barbaren! Barbaren!« rief Liddei aus, erneut aufgebracht. »Da können wir noch so viele Badeanstalten anlegen!«

»Und dort hinten!« bemerkte jemand und trat an den Rand der Terrasse. »Die haben weder Kutsche noch Laken nötig!«

»O weh! O weh!« rief Michele.

»Warte! Warte!« rief Delfino und stürzte das Treppchen hinunter.

Drei Frauen und ein Junge hatten sich die Strümpfe ausgezogen und waren im Begriff, sich zwischen den Steinen weiter zu entkleiden: Als Delfino sich ihnen näherte, sammelten sie ihre hier und da verstreuten Sachen auf und entfernten sich ohne Eile, um weiter weg zu baden.

»Wie viele Jahre werden noch vergehen müssen?« fragte sich Liddei. »Wie viele? Bevor dieser vom Herrn gesegnete Strand meiner Mühe würdig ist? Der Graf, sehen Sie, dort ist er, sagte, daß Colonna den Vergleich mit Rimini nicht zu scheuen brauche!«

Die Damen Taralli begannen, sich fertigzumachen, um die Badeanstalt zu verlassen.

»Wir kommen auch mit«, sagte der Rechtsanwalt Niccola. »Die Kutsche muß jeden Augenblick hier sein.«

Romualdo traf mit einer Einkaufstasche voller belegter Brötchen und dem Fäßchen Ofantino-Wasser ein; mit einer verächtlichen Grimasse im verschwitzten Gesicht blickte er auf eine Mutter im Kreis ihrer Kinder herab, die an dicken Scheiben selbstgebackenen Brotes herumkauten, auf zwei Mädchen, die Kekse knabberten, die sie bestimmt in Trani gekauft hatten...

Er trocknete sich die Stirn und begann, die Brötchen in einer Reihe auf dem Tablett auszulegen; dann bedeckte er sie mit einem roten Schleier.

»Ich habe es satt, alles wieder mit heimzunehmen, wie gestern«, murrte er.

Liddei schüttelte den Kopf. Sie schauten alle vier hinaus und hofften, daß am Ende der steinigen, staubigen Straße eine Kutsche oder ein Traberwagen erschiene.

»Die von den Kabinen«, murmelte Michele, »dürften nur zwei Stunden bleiben und werden vor Sonnenuntergang bestimmt nicht weggehen. Als wären sie hier zu Hause!«

»Schweig«, sagte Liddei.

Zwei Jugendliche kamen vorbei, mit den Badeanzügen unter dem Arm und großen weißen Sonnenschirmen.

»Die baden weiter hinten«, bemerkte Delfino.

»Sie kommen jeden Tag vorbei«, fügte Michele hinzu.

Auch ein Auto fuhr vorüber, in einer großen Staubwolke, und ein Karren.

Dann kam niemand mehr.

Die regungslose, glühende Luft war beinahe schwermütig. Das Meer plätscherte ohne Rast, leise, leise.

Dicht an der niedrigen Steinmauer strich ein helles Kleid entlang.

»Das ist sie!« brummte Michele. »Will sie nicht einsehen, daß sie hier keinen Fuß hersetzen darf?«

»Es ist schon das zweite Mal, verdammt!« rief Liddei.

»Aber letztes Mal war es wenigstens früher«, sagte Delfino. »Es braucht Mut, zu dieser Stunde herumzulaufen! Sie wird sich ganz schön verbrannt haben.«

Ja, sie war es, mit einer Art hochgeschürztem Kittel und einem kleinen Taschentuch auf den Haaren, das sie vor der Sonne hätte schützen sollen, zerrissenen, staubigen Schuhen; sie näherte sich mit einem Schritt und einem verlegenen Lachen, die nur schlecht die Furcht, verjagt zu werden, verbargen.

Sie war ein wenig außer Atem, obwohl sie überaus mager war, und hockte sich oben auf die kleine Treppe.

Michele ging wieder hinein, zusammen mit Liddei und Romualdo. Doch Delfino blieb stehen. Mit einer Neugierde, die mit einem Gefühl des Abscheus vermischt war, betrachtete der junge Fischer bald die ausgemergelte Brust, die aus dem tiefen Ausschnitt des Kittels zum Vorschein kam, bald die Ohren und die schlecht geschminkten Lippen, dann wieder die blutleeren Hände.

Ein junges Mädchen trat aus der ersten Umkleidekabine, um die aufgelösten nassen Haare in der Sonne zu trocknen, und ein kleineres, barfüßiges folgte ihr: Beide blieben stehen, um die auf der Treppe sitzende Frau zu betrachten. Ihre Augen, voller Licht und Staunen, ruhten auf den mageren nackten Schulterblättern, auf den ungeschickt mit verbranntem Kork geschwärzten Augenlidern, auf dem breiten, viel zu roten Mund.

Liddei trat beunruhigt an die Treppe. »Es ist verboten, sich hier mit nackten Füßen aufzuhalten!« sagte er mit demonstrativer Strenge.

Und als die beiden Mädchen fort waren, fügte er hinzu: »Geh, bitte!«

Die Frau schaute zu den Kabinen, in der Hoffnung, von jemandem bemerkt zu werden.

»Eure Geschäfte gehen doch auch nicht gut!« rief sie.

»Hast du verstanden?« sagte Liddei.

»Ich bin müde«, erwiderte die Frau demütig. »Der Rückweg ist lang, und die Sonne scheint zu heiß.«

Die erste Kabine öffnete sich erneut: der Vater und die Mutter der beiden Mädchen.

Sie gingen ebenfalls hinunter; der Vater blickte verstohlen auf die Frau und sah Liddei dann mit einem vielsagenden, vorwurfsvollen Ausdruck an.

Das berunruhigte Liddei noch mehr.

»Geh jetzt, sofort!« wiederholte er halblaut.

»Ich tue nichts Schlechtes«, antwortete die Frau. »Ich bin müde und ruhe mich aus.«

Mit ganz leiser Stimme fügte sie hinzu: »Ich muß ja auch leben...«

»Geh«, wiederholte Liddei, beinahe sanft. »Auch ich muß leben. Und du ruinierst mir das Geschäft. Siehst du nicht, daß nur anständige Familien herkommen?«

Der hungrige Mund dehnte sich von einem Ohr zum anderen, als hätte die Frau lachen wollen.

»Ihr habt recht«, sagte sie. »Wir müssen alle beide leben.«

Mit höhnischer Bitterkeit erhob sie sich.

Ihr erboster Blick traf auf Delfinos Augen: In ihnen stand das gleiche lichte Staunen, das die beiden Mädchen gezeigt hatten. Plötzlich empfand sie ein Schamgefühl, das sie seit langem vergessen hatte.

»Trotzdem habe ich Hunger«, gestand sie rasch, ohne jemanden anzusehen, während sie, so gut es ging, den Kittel über der Brust schloß. »Ich gehe, keine Angst, auch weil hier sowieso nichts zu machen ist.«

Und zusammen mit diesen Worten begann sich die anmaßende, feine Bosheit wieder in ihrem Blut zu regen, wie Gift.

»Ich habe Hunger«, wiederholte sie. »Und ich gehe nicht.«

Delfino fischte eine Münze aus der Tasche und gab sie Romualdo.

»Endlich wird mein Korb etwas leichter!« rief Romualdo.

Die Frau biß in das Brötchen, bemüht, es nicht mit den Lippen zu berühren; und während sie so die langen, vereinzelten Zähne zeigte, wirkte sie ungemein häßlich. Beinahe sofort steckte sie es angebissen in die Tasche und hielt sich vor Übelkeit an einem der Treppenpfosten fest.

»Was ist jetzt los?« fragte Liddei beunruhigt.

»Nichts. Es ist schon vorbei. Ich gehe.«

Liddei warf ihr einige Münzen zu und rief: »Und komm bitte nicht wieder.«

»Ich werde nicht wiederkommen«, sagte die Frau. »Ich werde euch leben lassen.«

Es war, als bedankte sie sich damit bei allen auf einmal.

»Wer ist das, Mama?« fragte das Mädchen mit den offenen Haaren, als es sie wieder sah, und lief auf die Mutter zu.

»Eine Passantin ... Schau nicht hin.«

Die Frau ging zurück zum Strand; inmitten einer Staubwolke nahm sie ihre Wanderung wieder auf, unter dem leuchtenden, wolkenlosen Himmel.

Sie ging fort, so wie sie gekommen war – ohne Ziel – und hielt in ihrer Faust die Münzen umklammert, die Liddei ihr gegeben hatte, als er sie verjagte.

Ein Kutscher verhöhnte sie mit einem Schimpfwort wegen ihrer Schuhe, die die Absätze verloren. Doch die Frau hörte es nicht, denn ihre Ohren sausten: Sie sausten, die Ohren, als schrie eine Horde Männer in der Ferne und als läuteten Tausende und aber Tausende von Glocken. Sie sah vor sich ein riesiges Tuch, golden und scharlachrot, und in der Mitte des Tuches war jemand, der sie mit heiteren Augen verwundert anblickte, während er sich immer weiter entfernte.

Wer schaute sie aus der Ferne, aus der immer größer werdenden Ferne, von jenseits des rotgoldenen Tuches an? Vielleicht der junge Fischer? Vielleicht eines der kleinen badenden Mädchen?

Sie lehnte sich an den Stamm eines Baumes, seinen schmalen Schatten nutzend, und das flimmernde Glitzern wurde plötzlich zu einem braunen Fleck.

»Hau ab«, schrie ein Bauer. »Siehst du nicht, daß hier gesät ist?«

Sie hörte ihn, doch sie sah nichts außer einer grenzenlosen braunen Fläche.

»Hau ab, oder ich schieße!«

Sie ging fort, kehrte mit gesenktem Kopf auf die Landstraße zurück. Wieder sah sie jemanden, der sie verwundert anstarrte: ein ferner blauer Punkt, mitten in einem heftigen roten Wogen.

Doch jetzt rief jemand nach ihr.

Sie vernahm in der unbewegten Luft einen Namen, den sie vergessen hatte: Vom Himmel, von den Feldern, vom Meer her wiederholte jemand, lauter als das Sausen, durchdringender als das ferne Glockenläuten, den Namen, den man ihr gegeben hatte, als sie klein und unschuldig war.

Sie streckte die Arme aus und stürzte zu Boden, flüsterte ihre Antwort in den Staub.

Die Luft stand, und die Landstraße war verlassen; das Meer plätscherte ohne Rast, leise, leise.

Übersetzt von Maja Pflug

Maria Messina
Camilla

»Was soll das!« rief Assunta gereizt. »Müssen wir jeden Morgen die gleiche Komödie aufführen?«

Da begann Camilla seufzend, sich anzukleiden. Sie war hoch aufgeschossen, und in dem weißen Morgenrock sah sie noch größer aus.

»Ich komme... Ich komme...«, wiederholte sie.

Gewiß, sie durfte nicht »das Opfer spielen«, wie Assunta sagte, sie durfte Luigino Lanna, der sich ans Fenster stellte, um sie vorbeigehen zu sehen, nicht diese Genugtuung geben.

Glaubte er etwa, sie denke an ihn? Kein bißchen.

Sie puderte sich, um zwei rote Streifen an der Nase zum Verschwinden zu bringen, denn jeden Morgen, bevor sie zum Baden gingen, weinte sie ein Weilchen.

»Bist du fertig, Camilla?« rief Ninetta.

»Ja.«

Sie ergriff das Bündel und den Korb und ging hinter den Schwestern her. Sie waren sechs und füllten die ganze Treppe.

»Mach nicht so ein Gesicht!« flüsterte die Mutter. »Gleich guckt er.«

Camilla seufzte.

Sie fing an zu lachen und tat so, als plauderte sie angeregt mit den Schwestern, während sie unter den Fenstern der Lannas vorbeiging; und sie wirkte häßlicher durch das gezwungene Lachen, bei dem ein Schleier der Schwermut über ihre Augen gebreitet blieb.

Nun kam die Qual, sich fröhlich und heiter zu zeigen, während ihr das Weinen den Hals zuschnürte.

Da war die Landstraße, schon ganz der Sonne ausgesetzt, und dort die Badeanstalt, wo die Mädchen jeden Morgen nicht sogleich den Mut aufbrachten einzutreten, so erhitzt und staubbedeckt, wie sie waren...

Sie zeigte sich ungeduldig, ins Wasser zu gehen; und kaum war sie in der Umkleidekabine, zögerte sie, sich auszuziehen, den Badeanzug zuzuknöpfen, um die letzte zu sein, um einen Augenblick lang allein zu sein. Dann nahm das lange, sommersprossige Gesicht, nahmen die ein wenig hervorstehenden Augen wieder den üblichen resignierten und schwermütigen Ausdruck an.

Während sie dem Plätschern des Meeres, den Stimmen der Badenden, dem Kreischen der Kinder, die nicht ins Wasser wollten, lauschte, dachte sie an Luigino Lanna, der sie nach drei Jahren Liebe und Sklaverei sitzengelassen hatte.

Sklaverei, jawohl.

Drei Jahre lang war sie nicht auf den Balkon hinausgetreten, war nur manchmal abends ein wenig auf der einsamen Landstraße spazierengegangen und hatte die Gewohnheit verloren, sich auf den Straßen der Stadt zu bewegen.

»Zieh nicht das rosa Kleid an... Kämm dich nicht so... Sprich nicht mit der Soundso...«

Sie gehorchte ohne Widerrede, um ihm den Gefallen zu tun. Alle im Haus sprachen respektvoll von

Luigino Lanna, der eine ausgezeichnete Partie war, überzeugt, daß Camilla sich mit sehr wenigen Opfern eine glänzende Zukunft sicherte.

Camilla dachte weder an die Zukunft noch an die »Partie«. Sie hatte Luigino Lanna aufrichtig gern. Sonst nichts.

Und eines Morgens hatte er geschrieben, daß er nicht mehr kommen würde, weil seine Familie es nicht wollte.

Camilla vergaß, daß sie in der Umkleidekabine stand, und die Tränen liefen ihr über die gepuderten Wangen.

Eine der Schwestern schreckte sie aus ihren Gedanken auf, als sie am Fuß des Treppchens nach ihr rief.

»Kommst du nicht?«

Sie trocknete die Tränen mit dem Badetuch und ging ohne Hast hinunter.

Auf dem Badedeck brauchten sie zehn Stühle: für sich, die Körbe, die Bündel. Ein ganzes Internat! Die Leute sahen sie mitleidig an. Die Mutter kauerte sich im Liegestuhl zusammen und tat so, als schaute sie auf das Meer; doch in Wirklichkeit spähte sie unruhig, ob es nicht jemanden gebe, der sich für eine ihrer Töchter interessierte.

»Camilla, reich mir den Fächer ... Camilla, würdest du gern ein wenig Boot fahren? ... Wenn mir nicht immer schlecht würde ...«

Sie wollte die Aufmerksamkeit auf Camilla lenken, die Große, die zu Hause verkümmerte. Die anderen waren jünger und hatten noch keine ernsthaften Liebesgeschichten gehabt.

Teresina, die Jüngste, fand sofort jemanden, der sich um sie kümmerte, doch die Mutter war nicht erfreut darüber. Es handelte sich um zwei ungezogene Jungen, die unter dem Badedeck herumschwammen und den Bretterboden naß spritzten.

Eines Tages blickten sie alle aufs Meer hinaus.

»Fährst du mit uns Boot, Mama?«

»Wenn mir im Boot nicht immer schlecht würde ...«

Eine Signora, die sie kannte, stieg gerade mit einem jungen Mann und einem Kind hinunter.

»Wollen Sie mit mir kommen?«

»Gern! Aber wir sind zu viele!«

»Botticelli, zu wievielt passen wir hinein?«

»Zu fünft.«

»Ausgezeichnet. Drei und zwei macht fünf. Also werden zwei mitkommen.«

»Geh du, Camilla. Und du, Assunta.«

Sie stiegen ein. Und auch sie riefen: »Oh! O Gott!« und lächelten dabei, wie sie es von den anderen gehört hatten.

Das Boot schwankte sacht auf dem Wasser, als es sich vom Steg löste.

Camilla tauchte eine Hand ins Wasser und schloß halb die Augen. Sie war betrübt und doch froh.

»Ist es recht so, Signorina?«

»Wie Sie wollen!« rief sie und nahm sich zusammen.

Assunta warf ihr blitzschnell einen bösen Blick zu, der bedeuten sollte: »Spiel jetzt nicht die Sentimentale, und paß auf, wer mit dir redet! ...«

Botticelli setzte sich neben sie.

»Wir kennen uns. Erinnern Sie sich an den Abend bei den Valentini?«

»Ich erinnere mich.«

»Luigino Lanna war auch da.«

Camilla errötete. Die aufsteigende Glut und die Aufregung, die der Name hervorrief, machten sie anziehend.

Botticelli lächelte. Mit gedämpfter Stimme sprach er weiter über das heikle Thema.

»Mit dem Lanna ist es aus«, versicherte Camilla. »Aus und vorbei. Papa war gegen diese Heirat«, log sie rasch.

Das Boot kehrte ganz langsam zurück.

Botticelli beeilte sich, Camilla die Hand zu reichen, damit sie auf das Treppchen springen konnte. Dann begleitete er die beiden Schwestern bis zum Badedeck.

Mit Blicken fragte die Mutter Assunta, die mit Blikken bejahend antwortete.

»Hat es geklappt?«

»Ja, es hat geklappt.«

Nun fängt Botticelli an, unter dem einen oder anderen Vorwand immer wieder zu kommen: mit einem Notenheft... einem Buch... Und die Mutter empfängt ihn wie einen Verwandten: Sie bietet ihm Kaffee an, süße Pizza, hausgemachten Zitronenlikör. Man muß ihn ermutigen. Die ganze Schwierigkeit besteht darin, ihn so weit zu bringen, daß er sich erklärt.

Und so beginnt wieder das Warten, Tag für Tag.

Heute wird er sich erklären. Heute wird er sagen: »Signora, wenn Sie erlauben, will ich Ihnen gestehen, daß...«

Welch glücklicher Tag! Alle dachten daran; sie sprachen von nichts anderem. Auch Botticelli war eine gute Partie: Er studierte Jura... Er würde Rechtsanwalt werden...

Camilla ließ sich von der Illusion trügen; betrübt und doch froh, wie an dem Tag, an dem das Boot sie aufs offene Meer hinaustrug.

Wenn die Stunde nahte, sagten sie: »Camilla, zieh dich an, gleich kommt der andere.«

Sie wollten damit sagen: »Der andere Verlobte.«

Verlobte? Noch nicht.

Camilla wußte nicht, wie sie sich Botticelli gegenüber verhalten sollte, der sich immer mehr Freiheiten herausnahm.

Und manchmal nahm sie sich vor, sich einfach nicht zu zeigen, wenn er kam; doch wagte sie nicht, ihre Absicht kundzutun, wenn sie Assuntas Blicken begegnete.

Allerdings gehorchte sie ohne Widerrede. Die Verantwortung trug ganz allein sie.

»Man weist das Glück nicht aus einer Laune heraus zurück!« befand Ninetta altklug.

Die Mutter und die Schwestern entfernten sich, hoffnungsvoll.

Camilla blieb allein mit Botticelli auf dem Balkon zurück, um zu plaudern.

Eines Abends umarmte er sie. Camilla zuckte zusammen. Sie wollte sich losmachen.

»Hör zu!« sagte er lachend. »Tu nicht so! Du bist doch schon drei Jahre mit einem gegangen. Bist doch kein Kind mehr!«

Er sprach nicht weiter. Aber er schaute ihr in die Augen und versuchte, sie erneut zu umarmen, mit einem Ausdruck, der so böse war, daß er mehr schmerzte als eine Ohrfeige.

»Das nicht«, flüsterte Camilla gedemütigt. Und es gab ihr einen Stich, als sie dachte, daß Botticelli sie verachtete, wie abgestandenes Wasser, das in einem Glas übriggeblieben ist.

Mit einer gewissen Anstrengung machte sie sich los

und sagte zu dem jungen Mann, ohne ihn anzusehen: »Kommt nicht mehr her, meinetwegen.«

Und bei diesen Worten empfand sie eine Erleichterung, als wäre eine schwere Last von ihr abgefallen.

Sie flüchtete in ihr Zimmer, ohne zu Abend zu essen.

Assunta, die ihr fast unmittelbar folgte, fand sie mit dem Gesicht zur Wand gekehrt.

»Hat er sich erklärt?« fragte sie ruhig.

Camilla gab keine Antwort.

»Nun? Was ist?« hakte die Schwester nach. »Schläfst du?«

»Laß mich in Ruhe!« rief Camilla.

Die Mutter, stets ungeduldig, trat ins Zimmer, unter dem Vorwand, daß sie Camilla noch einmal gute Nacht sagen wolle. Doch Camilla wandte sich nicht um.

»Heute abend spielt sie die Sentimentale!« rief Assunta.

»Botticelli schien mir ...«, begann die Mutter.

»Hört zu!« sagte Camilla barsch und drehte sich um. »Ich will nichts mehr hören von diesem Botticelli.«

»Aber ... Sieh doch ...«

»Nein«, wiederholte Camilla mit einer Stimme, die nicht mehr die ihre zu sein schien, so fest und bestimmt war sie. »Ich will nichts mehr davon hören. Ruft mich nicht mehr, wenn er kommt.«

»Aber verstehst du denn nicht, daß du ... daß du ... Du findest keinen Mann mehr! ...«

»Dann finde ich eben keinen Mann mehr.«

»Denkst du immer noch an ihn, dumm wie du bist?«

»Ich denke nicht an ihn. Laßt mich in Frieden. Laßt mich atmen.«

Sie war wieder bedrückt.

Sie lauschte dem Schritt der Mutter, die sich zusammen mit Assunta entfernte, und als sie endlich allein war, hatte sie das Gefühl, als atmete sie zum erstenmal die ruhige Luft der Sommernacht.

Die Augen zu den Sternen gewandt, flüsterte sie, kaum die Lippen bewegend, sich selber zu: »Ja, ich denke an dich, nur an dich. Aber meine Seele habe ich dir nicht gegeben.«

Und ihr schien, allein wie sie war, als sei sie frei und frisch und neu, wie die Rosen, die in der Sommernacht dufteten.

Übersetzt von Maja Pflug

Natalia Ginzburg
Winter in den Abruzzen

Deus nobis haec otia fecit.

In den Abruzzen gibt es nur zwei Jahreszeiten: Sommer und Winter. Der Frühling ist schneereich und windig wie der Winter, und der Herbst ist warm und klar wie der Sommer. Der Sommer beginnt im Juni und endet im November. Die langen Sonnentage auf den niedrigen und ausgedörrten Hügeln, der gelbe Staub der Straßen und die Ruhr der Kinder nehmen ein Ende, und es beginnt der Winter. Dann ist es aus mit dem Leben auf der Straße. Die barfüßigen Kinder verschwinden von der Kirchentreppe. Im Dorf, von dem hier die Rede ist, verschwanden nach den letzten Ernten auch die meisten Männer. Sie suchten Arbeit in Terni, Sulmona und Rom. Es war ein Dorf von Maurern. Viele Häuser mit Terrassen und kleinen Säulen zeigten sich anmutig wie Villen. Man war überrascht, in große, dunkle Küchen mit aufgehängten Schinken zu kommen, in weite, düstere und leere Zimmer. Überall in den Küchen brannte das Feuer, und es gab verschiedene Arten: prächtige Feuer aus brennenden Eichenklötzen, Feuer aus Laub und Reisig, aus Zweigen, die man unterwegs da und dort aufgelesen hatte. Es war leicht, die Armen und die Reichen nach ihren Feuern zu unterscheiden, leichter, als wenn man sie nach ihren

Häusern hätte beurteilen müssen, nach ihren Kleidern oder Schuhen, die sich mehr oder weniger glichen.

Als ich in das Dorf kam, von dem ich spreche, schienen in der ersten Zeit alle Gesichter gleich für mich. Alle Frauen sahen sich ähnlich, die reichen und die armen, die jungen und die alten. Fast alle hatten einen zahnlosen Mund. Die Frauen dieser Gegend verlieren ihre Zähne schon mit dreißig Jahren durch die harte Arbeit, die ungesunde Nahrung, die Strapaze der Geburten und des Stillens, die sich unaufhörlich folgen. Nach und nach jedoch begann ich, Vincenzina von Secondina, Annunziata von Addolorata zu unterscheiden, und fing an, in jedem Hause ein und aus zu gehen und mich an den verschiedenen Feuern zu wärmen.

Als der erste Schnee fiel, überkam uns eine tiefe Traurigkeit. Wir waren im Exil. Fern war unsere Stadt, und fern waren die Bücher, die Freunde und die wechselvollen Geschehnisse eines wahren Daseins. Wir heizten unsern grünen Ofen mit seinem langen Rohr, das die Decke durchbrach, und in diesem Zimmer mit dem Ofen versammelten wir uns alle. Hier wurde gekocht und gegessen, und hier, an dem großen, ovalen Tisch, schrieb mein Mann. Auf dem Boden lagen die Spielsachen der Kinder herum, an der Decke prangte ein gemalter Adler. Ich betrachtete ihn und dachte: Das ist das Exil. Ja, das Exil war der Adler, der grüne, summende Ofen, die unendliche Stille der Landschaft und der starre Schnee. Um fünf Uhr läuteten die Glocken der Kirche Santa Maria, und die Frauen mit roten Gesichtern und schwarzen Umhangtüchern begaben sich zum Abendsegen. Jeden Abend machten mein Mann und ich einen Spaziergang, jeden Abend wanderten wir Arm in Arm durch den tiefen Schnee. Die

Häuser zu beiden Seiten der Straße waren von befreundeten und bekannten Menschen bewohnt. Alle traten unter die Türe und wünschten uns gute Gesundheit. Zuweilen fragte der eine oder andere: »Wann werdet ihr eigentlich nach Hause zurückkehren?« Und mein Mann antwortete: »Wenn der Krieg aus ist.« »Und wann ist dieser Krieg endlich aus? Du weißt doch alles und bist ein Professor, wann wird er aus sein?« Sie nannten meinen Mann »den Professor«, da sie seinen Namen nicht aussprechen konnten, und kamen von weit her, um ihn über alles mögliche zu befragen: In welcher Jahreszeit die Zähne gezogen werden sollten, über die Unterstützungen, die man von der Gemeindeverwaltung beziehen konnte, über Taxen und Steuern.

Im Winter starb zuweilen ein alter Mann an einer Lungenentzündung, die Glocken von Santa Maria läuteten zum Begräbnis, und der Schreiner Orecchia verfertigte den Sarg ... Eine Frau wurde wahnsinnig; man brachte sie ins Irrenhaus von Collemaggio, und das ganze Dorf schwatzte noch eine Weile darüber. Es war eine junge, saubere Frau, die sauberste im ganzen Dorfe. Man sagte, ihr übertriebenes Reinemachen sei daran schuld gewesen ... Die Frau von Gigetto di Caldedonio schenkte ihrem Mann Zwillinge, Mädchen, und dabei hatten sie bereits ein männliches Zwillingspaar zu Hause. Der Mann vollführte im Gemeindehaus ein großes Geschrei, weil man ihm keine Unterstützung geben wollte, da er manches Stück Land besaß und einen Gemüsegarten, so groß wie sieben Städte. Rosa, der Schulwartsfrau, spuckte eine Nachbarin ins Auge. Nun ging sie mit verbundenem Auge herum, damit sie eine Entschädigung beziehen konnte. »Das

Auge ist empfindlich und die Spucke gesalzen«, erklärte sie. Auch darüber wurde eine Weile geklatscht, bis nichts mehr zu sagen war.

Mit jedem Tage wuchs unser Heimweh. Oft war es sogar angenehm, wie eine zärtliche und leicht berauschende Begleitung. Briefe kamen aus unserer Stadt mit Nachrichten von Hochzeiten und Todesfällen, von denen wir ausgeschlossen blieben. Zuweilen aber war das Heimweh stechend und bitter, es wurde zum Haß. Wir haßten dann Domenico Orecchia, Gigetto di Calcedonio, Annunziatina, die Glocken von Santa Maria. Den Haß aber verbargen wir, da wir ihn für ungerecht hielten. Unser Haus war immer voller Leute, die irgendeinen Liebesdienst verlangten oder uns einen erweisen wollten. Manchmal kam die kleine Schneiderin ins Haus, um uns Klöße zu kochen. Sie band sich ein zerschlissenes Tuch um die Hüften, schlug die Eier schaumig und schickte Crocetta ins Dorf, um ausfindig zu machen, wer uns einen großen Kochtopf leihen könnte. Ihr rotes Gesicht hatte einen versonnenen Ausdruck, und aus ihren Augen strahlte ein gebieterischer Wille. Sie hätte das Haus in Brand gesteckt, damit ihre *sagnoccole* gut gerieten. Ihr Kleid und ihre Haare waren von Mehl bestäubt, und auf dem ovalen Tisch, an dem mein Mann schrieb, wurden die Klöße angerichtet.

Crocetta war unsere Zugehfrau. Eigentlich war sie noch gar keine Frau, denn sie war erst vierzehn Jahre alt; die kleine Schneiderin hatte sie für uns gefunden. Diese Schneiderin teilte die Welt in zwei Gruppen; in jene, die sich kämmen, und in jene, die sich nicht kämmen. Vor denen mußte man sich hüten, denn natürlich hatten sie Läuse. Crocetta kämmte sich, und darum war sie auch bei uns im Dienst und erzählte den Kindern lange Geschichten von Toten und von Friedhöfen. Es war einmal ein kleiner Knabe. Seine Mutter starb, und der Vater nahm eine andere Frau. Doch die Stiefmutter liebte das Kind nicht. Eines Tages, als der Vater auf dem Felde war, tötete sie es und kochte eine Suppe davon. Der Vater kehrte heim und aß. Als er gegessen hatte, begannen die Knochen im Teller zu singen:

»Meine böse Stiefmutter
hat im Topf mich gekocht;
verzehrt hat mich Vater
als leckere Kost...«

Da griff der Vater zur Sichel und tötete die Frau. Draußen am Türpfosten hängte er sie an einem Nagel auf. Zuweilen ertappe ich mich, daß ich diese Worte vor mich hin murmle. Dann ersteht vor meinen Augen wieder das ganze Dorf mit dem besonderen Geruch seiner Jahreszeiten, mit dem eisigen Hauch des Windes, dem Klang der Glocken.

Jeden Vormittag ging ich mit den Kindern aus. Die Leute wunderten sich und mißbilligten, daß ich sie der Kälte und dem Schnee aussetzte. »Was haben denn diese armen Geschöpfchen verbrochen?« fragten sie. »Das ist doch kein Wetter zum Spazierengehen. Geh nach Hause!« Wir machten lange Wanderungen durch die weiße, einsame Landschaft, und die wenigen Menschen, denen wir begegneten, betrachteten die Kinder voller Mitleid. »Was haben sie denn verbrochen?« klagten auch sie. Wenn dort unten ein Kind im Winter geboren wird, kommt es bis zum Sommer nicht an die frische Luft. Um die Mittagszeit kam mein Mann jeweils mit der Post nach. Dann kehrten wir alle zusammen nach Hause zurück.

Ich erzählte den Kindern von unserer Stadt. Sie waren noch sehr klein, als wir sie verlassen hatten, und vermochten sich an nichts zu erinnern. Ich schilderte ihnen die Häuser mit den zahlreichen Stockwerken, die vielen Straßen und all die schönen Läden. »Und wir? Haben wir hier nicht den Girò?« sagten die Kinder.

Der Laden von Girò befand sich gerade vor unserem Haus. Girò stand unter der Tür wie eine alte Eule und starrte mit runden, gleichgültigen Augen auf die Straße. Fast alles konnte man bei ihm kaufen: Lebensmittel, Kerzen, Karten, Schuhe und Orangen. Wenn die Ware eintraf und Girò die Kisten leerte, eilten die Kinder herbei, um die faulen Orangen zu essen, die er wegwarf. Zu Weihnachten gab es auch Torrone, Likör und Karamellen. Aber um keinen Soldo billiger gab Girò seine Waren. »Wie schlecht bist du, Girò, wie schlecht!« klagten die Frauen, und Girò antwortete: »Wer gut ist, den fressen die Hunde.« Zu Weihnachten kehrten die Männer von Terni, von Sulmona und von Rom zurück, um sofort wieder abzureisen, sobald sie die Schweine geschlachtet hatten. Für einige Tage wurde dann nur Gesalzenes und scharfe Würste gegessen und viel dazu getrunken. Und etwas später erfüllte das Quietschen der Ferkel die Straße.

Der Februar machte die Luft feucht und weich. Graue, schwere Wolken zogen am Himmel hin. Es gab ein Jahr, in dem während des Tauwetters die Dachtraufen brachen. So regnete es in die Häuser, und die Zimmer wurden überschwemmt. Im ganzen Dorf blieb kein Haus verschont. Die Frauen leerten die Eimer zu den Fenstern hinaus und fegten mit dem Besen das Wasser aus der Haustür. Es gab Leute, die sich mit offenem Regenschirm zu Bett legten. Domenico Orecchia behauptete, das sei die Strafe für irgendeine Sünde. Und dieses Unwetter hielt länger als eine Woche an. Dann schmolz endlich auch das letzte Restchen Schnee von den Dächern, und Aristide flickte die Dachtraufen.

Als der Winter zu Ende ging, regte sich in uns eine leise Unruhe. Vielleicht würde uns irgendwer besuchen. Vielleicht war doch endlich irgend etwas geschehen. Einmal mußte unsere Verbannung doch ein Ende haben ... Die Straßen, die uns von der Welt trennten, erschienen uns jetzt kürzer; die Post kam häufiger. Langsam heilten auch unsere Frostbeulen.

Es gibt etwas eintönig Gleiches in den Schicksalen der Menschen. Unser Leben entwickelt sich nach alten, unverrückbaren Gesetzen, nach einem gleichmäßigen alten Rhythmus. Träume verwirklichen sich nie, und kaum haben sie sich verflüchtigt, erkennen wir jäh, daß wir die größten Freuden unseres Lebens außerhalb der Wirklichkeit zu suchen haben. Kaum haben die Träume sich verflüchtigt, verzehren wir uns vor Sehnsucht nach der Zeit, da sie uns durchglühten. Und in diesem Wechsel von Hoffnung und Sehnsucht verläuft unser Schicksal.

Einige Monate, nachdem wir das Dorf verlassen hatten, starb mein Mann im Gefängnis von Regina Coeli. Beim Gedanken an diesen grauenvollen, einsamen Tod, an die Ängste, die ihm vorangingen, frage ich mich, ob dies wirklich uns passiert ist, uns, die wir die Orangen bei Girò kauften und im Schnee spazierengingen. Damals glaubte ich an eine glückliche und frohe Zukunft, reich an erfüllten Wünschen, an gemeinsamen Versuchen und Unternehmungen. Und doch war jene Zeit die beste meines Lebens, und erst jetzt, da sie mir für immer entschwunden ist, erst jetzt weiß ich es.

Übersetzt von Hedwig Kehrli

Elsa Morante
Die Großmutter

Als sie mit vierzig Jahren Witwe wurde, merkte Elena, daß sie nur halb lebendig war und sich in einer mitleidlosen Leere befand, aus der es keinen Ausweg gab. Ihr Mann war ihr nie ein wahrer Gefährte gewesen; sie hatte neben diesem Kaufmann dahingelebt oder, richtiger: vegetiert; er war geizig wie eine Schmarotzerpflanze, der das geringste bißchen Erde und Wasser genügt, um nicht zu verdorren. Nachdem nun der Mann nicht mehr da war, hatte sie das Gefühl, als hätte sie im Winterschlaf gelegen und nähme nun, von einem heftigen Stoß geweckt, den Winter wahr, der ihren Schlaf umgeben hatte und der ihr jetzt bei ihrem Erwachen keine Nahrung zu spenden vermochte. Das Haus, das der Mann ihr hinterlassen hatte, lag eingepfercht in einer der finsteren Schluchten, von denen es in der Stadt so viele gab. Einst war diese Stadt von einem Volk von Kaufleuten und Seefahrern auf dem Rücken eines ganz aus Felsen und Klüften bestehenden Hügels erbaut worden; und während einige Häuser hoch oben in der Sonne lagen, waren andere zwischen Treppen und engen Gäßchen zusammengedrängt, wo es häufig zu Raufereien kam und wo man mit geweiteten Nasenflügeln begierig darauf wartete, daß der Wind den Geruch des Meeres herüberwehe. Das Haus war mit gewöhnlichen und geschmacklosen

Möbeln eingerichtet, Dutzendware oder Gelegenheitskäufen, die zwischen kahlen, hohen Wänden standen. Mäuse und Mistkäfer nisteten in Löchern, und Elena bewegte sich in diesen Zimmern wie in der Tiefe eines Brunnens. Mit den Augen suchte sie das Licht, denn es war ihr, als sei sie eingeschlossen zwischen glatten und ausweglosen Mauern, die sie mit großen Anstrengungen immer wieder vergeblich zu erstürmen suchte. Beklommenheit und Verwirrung überkamen sie, und endlich faßte sie den Entschluß abzureisen.

Ihr Mann hatte ihr ein beträchtliches Vermögen hinterlassen; aber obwohl sie wußte, daß sie nun frei und reich war, empfand sie doch immer noch jenes Bedürfnis nach einsamer Stille, das sie von jeher gehabt hatte. Sie beschloß, in ein Landhaus zu ziehen, das sie niemals gesehen hatte, obgleich es zu ihren Besitzungen gehörte. Sie wußte, daß es weiträumig und ruhig war und daß ein Stockwerk vermietet war und das andere leer und für sie bereitstand. Ihre Phantasie begann um den Namen des Dorfes zu kreisen, um das Haus, den Fluß, die Kirche; und das Verlangen, all diese vorgestellten Dinge mit ihren Händen zu berühren, schnürte ihr die Kehle zu, bis sie weinen mußte. Sie weinte lange am trüben Fenster vor den schmutzigen, engen Gassen, aber ihr Körper schüttelte sich nicht. Ihre Gestalt war hochgewachsen und kräftig, ohne weibliche Formen, beinahe männlich und dennoch sonderbar weich; diese Weichheit verliehen ihr vielleicht ihr langsamer und zerstreuter Gang, die Zerbrechlichkeit ihrer Gelenke und durchsichtigen Finger und die singende Stimme, in der zuweilen volle und tiefe Töne aufklangen. Wenn auch in ihrem bleichen und länglichen Gesicht kein

Schatten eines Fältchens zu sehen war, so lag doch eine Müdigkeit darin wie ein Verlangen nach Schlaf und Auflösung; nur die starren Lichter ihrer Augen leuchteten lebhaft unter dem immer zerzausten dunklen Haar. Ihre Zähne waren verdorben, aber ihr Lächeln war sanft und weich.

Mit stillem Eifer, der einem langsamen Fieber glich, traf sie die Vorbereitungen zur Abreise. Sie leerte die Schränke und Schubladen, dann und wann innehaltend, um die Stoffe mit verträumten, schweifenden Blicken anzusehen. Eine große Hochzeitstruhe in der Ecke des Zimmers enthielt Wäsche und Kleidchen für ein Neugeborenes, die sie selbst genäht hatte. Ihre Ehe war unfruchtbar gewesen, aber der Wunsch nach Kindern brannte in ihr während der Zeit der Jungfräulichkeit und der Reife; und während sie vergeblich wartete und spürte, wie ihr Leib in einer verzweifelten Sehnsucht verdorrte, hatte sie eine prächtige Ausstattung genäht und Lätzchen und Leibchen gestickt, wobei sie die gleiche kindliche und geheimnisvolle Freude empfand wie die Nonnen in den Klöstern, wenn sie Meßgewänder nähen. Viele Tage ihrer Ehezeit hatte sie mit dieser Arbeit zugebracht, die sie zuweilen wehmütig stimmte, zuweilen aber auch so mutlos machte, daß sie in krampfhaftes Weinen ausbrach. Sie versuchte, sich lebendige, zarte Körperchen in diesen Windeln vorzustellen, und nachts zuckte sie zusammen, denn im Traum war es ihr, als fühle sie in ihrem Leib die Bewegungen eines Kindes. Jetzt zog sie ein Kleidchen nach dem andern aus der Truhe, hielt es in der Hand und liebkoste es. Abermals wurde sie von jenem alten Schmerz ergriffen, und die dunklen Wände lasteten auf ihr wie ein Alp; aber sie dachte daran, daß sie abreisen wollte, und sie riß sich zusammen. Die Kinderausstattung wurde wieder in die Truhe gelegt, und mit dem übrigen Gepäck reiste sie ab.

Es war Herbst, und das Dorf, das sie empfing, lag in einer grauschimmernden Landschaft, in welche die rotbelaubten Bäume ein paar spärliche Farbflecke streuten. Von den erdfarbenen Häusern mit den roten oder schwarzen Dächern waren einige niedrig, nur einstöckig, andere schmal und lang, und ihre Fenster sahen wie Schießscharten aus. Hinter manchen offenstehenden Türen sah man die Herdfeuer glühen; über die schlammigen Wege gingen Ochsenherden, und Bauern in grünlichen Mänteln ritten auf Pferden. Zum Ende des Dorfes hin lief ein vom Regen angeschwollener, lehmfarbener Fluß, der bei einem plötzlich steilen Abfall des Geländes sich in einen Wildbach verwandelte und mit wütend brausenden Strudeln hinabstürzte; über den Fluß führte eine schmale Eisenbrücke mit dünnen Pfeilern, die an beiden Seiten von spitzen Bogen überwölbt war. Nicht weit davon entfernt stand Elenas Haus.

Es war bescheiden, langgestreckt und hatte ein weit überspringendes Dach. Im eingezäunten Garten wuchs zwischen dem Unkraut ein einziger Baum mit dünnem Stamm, ein Ailantus, der, weil er so außergewöhnlich rasch wächst, auch »Paradiesbaum« genannt wird. Seine Krone reichte schon bis zum oberen Stock. Unten war das Haus von einem plumpen Bogengang umgeben, und an der rechten Seite führte eine Außentreppe in das obere Geschoß hinauf. Die Zimmer waren geräumig und halb leer, so daß die Schritte auf dem steinernen Fußboden metallisch widerhallten. Die weißgetünchten Wände waren von Nischen, Türen und Alkoven unterbrochen, und durch die schmalen, hochgelegenen Fenster drang ein bläuliches, schräges Licht. Vor einem der Fenster blieb Elena auf den Zehenspitzen stehen, bis es dunkelte; sie betrachtete die Schlucht des Wildbachs, die schlammigen Straßen unter den Hufen der Pferde und das Dunkelwerden des Himmels.

Als es finster war, fiel ihr ein, daß sie den Bewohnern des Erdgeschosses ihre Ankunft mitteilen müsse. Sie stieg in den Garten hinunter, wo die Luft schneidend kalt geworden war, und klopfte an die Tür:

»Es ist offen!« sagte von drinnen eine tiefe, volltönende Stimme, die im Bogengang widerhallte.

Elena trat ein; einem hellen Licht folgend, das scharfe Schatten in den Korridor warf, gelangte sie in eine Küche. Die Lampe mit der weißen und schwankenden Flamme hing gerade am Eingang, und der Mann, der gesprochen hatte – es war ihr sogleich, als erkenne sie ihn wieder –, saß an einem kleinen Tisch neben der Tür und schnitzte mit einem sichelförmigen Messer menschliche Züge in einen grob behauenen Baumstamm; sie wußte bereits, daß ihr Hausbewohner ein Schnitzer von Heiligenfiguren war.

Er mußte ungefähr fünfundzwanzig Jahre alt sein; über seiner männlichen, kraftvollen Gestalt wirkte sein Gesicht beinahe weiblich, gleichsam unvollendet wie das eines Kindes. Er hatte große blaue Augen, gebogene Wimpern, weiche, frische Lippen und lockiges, rotblondes und ziemlich wirres Haar. Der blonde Bart machte das Gesicht nicht derber, sondern verlieh der Haut einen rosig bronzefarbenen Schimmer; die leichte Bewegung seiner großen Hände rings um das Holz war geheimnisvoll und wunderbar wie Kinderspiel. Er trug alte Hosen aus rotem Barchent und eine grünliche, abgeschabte Wildlederjacke. An den Füßen hatte er weite, mit Fell gefütterte Pantoffeln.

Nach einem Augenblick des Zögerns erhob er sich, als Elena eintrat, und stammelte eine Begrüßung, wobei er plötzlich errötete, aber nicht aufhörte, mit seinen Fingern über das Holz zu streichen. »Ich bin die Besitzerin des Hauses«, sagte Elena ganz sicher und heiter, »ich bin heute angekommen.«

»Ach, ja«, sagte er verlegen mit derselben frischen und volltönenden Stimme, die zu ihr gesprochen hatte, als sie hereinkam; dann wandte er sich zur Seite und fuhr fort: »Mama, die Signora ist da.«

Jetzt bemerkte Elena, daß in dieser rauchigen und schrägen Küche sich noch jemand bewegte. Neben dem Herd, auf dem ein nach Speck duftendes Gericht schmorte, kniete die Gestalt einer Frau, die damit beschäftigt war, in der Kohlenglut herumzustochern. Sie drehte sich kaum um bei dem Ruf, und Elena spürte sogleich, daß ein schwarzer Blick sie anblitzte. Einen Augenblick später stand die Frau auf und kam argwöhnisch näher; sie lehnte sich an den Sohn mit dem Ausdruck eines Kindes, das eine Natter im Gras erblickt und sich an den Rock der Mutter flüchtet.

Verstört wandte Elena die Augen ab und richtete sie gegen die Decke, die sehr hoch war und im Schatten lag, so daß sie sonderbar fern erschien. Doch voll Verlangen nach Sympathie und Freundschaft schaute sie von neuem die beiden Schweigenden an. Die Frau war nicht sehr groß, aber sie schien uralt zu sein, denn ihr Gesicht war hager und sonnverbrannt und mit einem dichten Netz von Runzeln überzogen; dieses hinfällige Aussehen stand in seltsamem Gegensatz zu ihren ruckartigen, raschen und fieberhaften Bewegungen. Sie war wie eine Bäuerin gekleidet, mit einem schwarzen Rock, einer schwarzen Bluse und einem weiten, wollenen Umschlagtuch, das Fransen hatte und mit roten Arabesken bestickt war. Ein schwarzes Kopftuch, dessen Zipfel unter dem Kinn gebunden waren, umrahmte ihr Gesicht, so daß man die Haare nicht sah; und von den Ohren hingen ihr zwei hölzerne Ohrgehänge in der Form von Kreuzen, die sicherlich eine Arbeit des Sohnes waren. Ihre Füße waren sehr klein und steckten kokett in blanken Stiefelchen mit gerundeten Spitzen, die zu ihrer ländlichen Kleidung gar nicht paßten.

»Wenn die Signora Platz nehmen möchte«, sagte der Sohn nach einer Weile, »und zum Nachtessen bei uns bleiben ...« Elena errötete, als sei sie bei einem Vergehen ertappt worden. Die Alte schien von Entsetzen ergriffen: »Aber nein!« rief sie, ohne Elena anzublikken. »Es ist nichts im Hause. Es ist überhaupt nichts da ...« Und atemlos wiederholte sie immer wieder dieses »Nichts« und fuchtelte mit den Händen.

Betroffen blieb Elena noch einen Augenblick stehen, ihr war zum Weinen zumute. Draußen ertönte der Schrei eines Nachtvogels, und sie glaubte sogar seinen Flügelschlag zu vernehmen.

»Guten Abend«, flüsterte sie eilig und streckte die Hand aus. Der junge Mann drückte sie in der seinen, die groß und warm war; und die Augen der Alten funkelten. Die Nacht war so schwarz, daß die Erde sich nicht mehr vom Himmel unterschied; nur an einer Stelle des Himmels erschien eine undeutlich ausgebreitete Helle; vielleicht war es der Mond, der durch die Wolkenmassen schimmerte.

Mitten in der Nacht glaubte Elena ein leichtes Kratzen an der Tür zu hören und dann einen schleichenden Schritt, wie den eines Tieres, der näher kam. Und dann fühlte sie an ihrer Haut unter den warmen Dekken etwas Weiches, Gewichtloses, Flüchtiges. Sie hüllten sich zusammen in einen gemeinsamen warmen Atem ein; Elena streckte die Arme aus und öffnete die trockenen Lippen, sie empfand die Kraftlosigkeit und Ruhe, die einem das Fieber gibt. Mit einem Ruck setzte sie sich auf. Es war niemand im Zimmer, sie war ganz mit Schweiß bedeckt. Den Rest der Nacht verbrachte sie in einem trägen und tiefen Schlaf. Als eben der Morgen dämmerte, erwachte sie und ging in den Garten hinunter. Ein Teil des Himmels war heiter, die Sonne war noch nicht aufgegangen, und ein feuchtes, eisiges Licht fiel auf die Dinge herab; schon waren Pferdehufe zu hören und dann und wann ein paar schallende Stimmen. Auch ihre Hausgenossen waren schon wach; aus der angelehnten Tür tönte ein dumpfer Singsang in einer unverständlichen und kindischen Sprache. Es war die Alte, die ein Klagelied sang. Dann ging die Tür weit auf, und die hohe Gestalt des Bildschnitzers erschien in der Öffnung. Elena zuckte zusammen, sie fühlte sich nicht vorbereitet für diese Begegnung, und der junge Mann schien sogar noch schüchterner als am Abend zuvor. Seine Augen waren wie befeuchtet vom morgendlichen Schimmer, und in seinen Zügen lag noch die zerfallene Blässe des Schlafs.

»Wollt Ihr meine Heiligen sehen?« flüsterte er unvermutet, als sei es ein Geheimnis.

Elena ging ihm durch den kurzen Korridor voran; die Alte am Herd hielt in ihrem Lied inne, um auf ihre argwöhnische und erschrockene Art hinüberzuschielen, aber sie sagte nichts. Die beiden wandten sich nach links, und Elena betrat eine niedrige, dunkle Kammer, in der neben einem vergitterten Fenster ein paar Figuren in einer Reihe standen, die ihr kaum bis zur Hüfte reichten. Sie waren von einer naiven und feierlichen Steifheit und hatten die natürliche Farbe des Holzes. Eine Heilige Jungfrau mit einer dreireihigen Kette um den Hals streckte die langen und gespreizten Finger aus, wie um zu flehen, aber ihr Antlitz war gleichmütig und ohne Ausdruck. Ein David, halb nackt und skeletthaft, die Haare lose auf die Schultern herabfallend, schaute starr nach vorn mit seinen pupillenlosen Augen, während er mit dem Fuß auf einen noch ungeformten, kaum angedeuteten Kopf trat. Ein Engel stand streng und aufrecht da, von einer Kutte mit symmetrischen Falten bedeckt, und seine geschlossenen Flügel waren im Vergleich zum Körper von ungeheurer Größe. Schweigend betrachtete Elena alle diese Idole, unfähig, etwas über sie zu sagen. Das kleine Fenster ging auf den Wildbach hinaus, und in der aufgehenden Sonne sah man durch das Gitter den Widerschein des auf dem Wasser hinabtanzenden Lichtes. Der junge Mann hatte sich liebevoll über seine Statuen gebeugt, um einen Staubschleier von Davids Gewand zu wischen, als sie von der Alten unterbrochen wurden, die mit flehender und zugleich befehlender Stimme von der Küche her rief:

»Giu-seppe! Giu-seppe!«

Sie schraken auf, und diesmal ging der Bildhauer Elena voran in die Küche. Als bemerke sie die Gegenwart der anderen Frau nicht, sagte die Mutter vorwurfsvoll zu ihrem Sohn:

»Vergißt du ganz, daß es Zeit für die Messe ist?«

Dann ging sie in eine Ecke und hob ein Paar lange, glänzende Stiefel auf. Der junge Mann setzte sich wortlos auf einen mit Stroh bezogenen Stuhl, und die Alte kniete sich vor ihn hin. Gebückt, bis sie ganz krumm war, zog sie ihm mit aufmerksamen und demütigen Gebärden die Pantoffeln aus und die schwarzen Stiefel an. Während er reglos mit stillem Lächeln dasaß, band sie ihm das Seidentuch um den Hals, und nachdem sie einen Kamm aus der Tasche gezogen hatte, kämmte sie ihm lange das blonde, vom Schlaf verwühlte Haar.

Schließlich schob er sie sachte mit der Hand beiseite, stellte sich aufrecht hin und ging hinaus, ohne zu sprechen. Elena, unfähig einen Schritt zu tun oder eine Silbe von sich zu geben, blieb in der Küche an der getünchten Wand stehen, auf welche die Sonne jetzt rote Strahlen warf. Unterdessen ging die Alte zum Herd und nahm einen Rosenkranz vom Nagel. Sie kam mit einem so leichten Schritt zurück, daß Elena es nicht gewahr wurde und zusammenzuckte, als sie auf ihrem Gesicht den Atem der Alten spürte. Die Alte war so nahe an sie herangetreten, daß die Zipfel des Kopftuches sie streiften und Elena ihre Zähne knirschen hörte. Unter dem Netz der Runzeln erschien das Gesicht der alten Frau aufgewühlt wie von einem Sturm:

»Du hast ihn mir verhext«, zischte sie Elena ins Gesicht mit einer seltsamen Raschheit, »weh dir, wenn du ihn mir wegnimmst.« Diese Worte hörten sich an wie ein Schluchzen. Elena wollte etwas entgegnen, aber schon ging die Alte mit ihrem behenden Gang hinter dem Sohne her. Dann konnte Elena sie durch das Fenster sehen, wie sie auf dem gewundenen Pfad hinabstiegen und wieder auftauchten. Der hochgewachsene und kräftige Sohn schien langsam zu gehen, und doch mußte die Mutter den Schritt beschleunigen, um mitzukommen. Ihr Kopf reichte dem Sohn kaum bis zur Schulter, das schwarze Kleid wallte ihr um die Beine.

Plötzlich band Elena sich ihren violetten Schal wieder um den Kopf, denn es fiel ihr ein, sie könne ebenfalls zur Kirche gehen. Da sie den Weg nicht kannte, war sie gezwungen, den beiden, die schon einen weiten Vorsprung hatten, von ferne zu folgen, und sie begann zu laufen. Der steinige Pfad stieg an und fiel wieder ab, und sie lief so schnell, daß es war, als gleite der Weg unter ihren Füßen fort. Sie verlor die beiden vor sich nicht aus den Augen; doch mit einemmal schien es ihr, als seien sie verschwunden, und das Herz klopfte ihr vor Erregung. Der Weg fiel an dieser Stelle steil ab, und sie lief nun doppelt schnell, die Zipfel des Schals an ihre Brust pressend. Sie hörte einen mächtigen Orgelklang und einen Chor von Stimmen, und da wußte sie, daß sie bei der Kirche angekommen war. Sie staunte über die große Menschenmenge, die sich trotz der frühen Stunde hier eingefunden hatte. Die Leute des Dorfes mußten wohl sehr fromm sein. Einige Pferde, die man mit den Beinen an Baumstämmen festgebunden hatte, warteten etwas vom Eingang entfernt. Die heilige Stätte war voll von Leuten, die in ihrer Bauerntracht dicht aneinandergedrängt standen und mit weit aufgerissenen Mündern sangen, die Augen auf den zelebrierenden Priester gerichtet. Der Raum war schmal, langgestreckt und schmucklos, und durch die sehr hohen Fenster ohne Glasscheiben strömte ein heftiges Licht. Dieses Licht vermischte sich mit dem Weihrauch, der so dicht war, daß sein Geruch die Kehle zusammenschnürte und die Gläubigen in einen flimmernden Nebel getaucht waren. Elena blieb beim Weihwasserbekken stehen und versuchte, mit den andern zu singen. Aber sie war vom raschen Laufen ermüdet und vom Weihrauch betäubt, so daß ihre Lippen sich ohne einen Laut bewegten. Sobald sie eingetreten war, hatte sie nicht weit entfernt den Bildhauer und seine Mutter erblickt. Um eine Berührung mit der übrigen Menge zu vermeiden, hielten die beiden sich dicht an der Wand; der Mann sang gleichmütig und richtete die Augen auf den Altar; die Mutter, die Hände unter dem Umschlagtuch gefaltet, folgte mit ihren in verzückter Anbetung geweiteten Augen jeder Bewegung seiner Lippen, fast als müsse sie erst in diesem Augenblick die Worte des Chorals von ihm lernen. Alle beide waren sie tief versunken in ihren Gesang und merkten es nicht, als der Chor zu singen aufhörte; so schwebten ein paar Sekunden lang nur ihre beiden vereinten Stimmen durch die Kirche. Elena hörte mit Verwunderung die Stimme des jungen Mannes, die, im Schweigen widerhallend, aus der Orgel hervorzukommen schien.

Als die Messe zu Ende war, fühlte sie sich plötzlich vorwärts gestoßen von den vielen Menschen, die beim Weihwasserbecken das Knie beugten. Einen Augenblick lang sah sie noch die Alte und spürte ihren aufmerksamen und drohenden Blick auf sich ruhen; aber bald tauchte sie mit dem Sohn in der Menge unter. Die Kirche wurde leer, und die Leute verstreuten sich in den Gassen; die Pferde entfernten sich mit leichtem Trab. Jetzt wurde die schon senkrecht stehende Sonne von einer schwarzen Wolkenmasse gestreift, die Strahlen durchdrangen den gewitterhaften Schatten und brachen sich zerstiebend in der Mulde des Tals. Elena beeilte sich, da sie den Regen voraussah. Mühelos, fast ohne zu überlegen, fand sie den Weg wieder, den sie beim Kommen gegangen war. Kaum war sie beim Gartentor angelangt, als die düstere und Funken sprühende Luft in einen leisen Windstoß umschlug und der mit Wasser vermischte Staub aufwirbelte. Und dann regnete es mit blinder Wut.

Einige Tage sah Elena ihre Nachbarn nicht. Zuweilen hörte sie die Stimme der Alten laut sprechen oder im Ton einer dumpfen Klage ihren Sohn rufen; doch wie in einem geheimen Einverständnis vermieden sowohl sie als auch die beiden andern eine Begegnung. Sie hatte das Gefühl, als hätten Mutter und Sohn einen magischen Kreis um sich gezogen, den zu überschreiten ihr nicht gestattet war. Sie blieb außerhalb der Kreislinie, furchtsam und wie verzaubert. Anstatt aber den Frieden zu genießen, den sie vom Aufenthalt auf dem Lande erhofft hatte, ging sie wie eine Schlafwandlerin durch die Zimmer, von unbestimmten Leidenschaften erregt. Manchmal überkam sie ein leichter Schlummer, aus dem sie mit einem Ruck aufschreckte, bestürzt und mit schmerzenden Gliedern wie jemand, der gewaltsam an einen fremden Ort geworfen wurde.

Bei einem solchen Erwachen an einem späten Nachmittag erstaunte sie, daß sie mitten im widergespiegelten Licht des Flusses dasaß, das in breiten, schwankenden Wellen an die Wände schlug. Es war ihr, als lande sie taub und trunken an einem fernen Ufer, und erst nach einigen Sekunden wurde sie gewahr, daß Giuseppe vor ihr kniete mit lächelnden, in kindlicher Anbetung verlorenen Augen.

Angsterfüllt sprang sie auf die Füße.

»Ich bin es«, stammelte er. Ihr Antlitz erbleichte, eine Flamme zuckte ihr über die Haut, und eine brennende Blutwelle strömte in ihre Brust. Mit unsicheren, verlangenden Händen berührte sie sein Haar, und einen Augenblick lang schwankten sie, vom Licht umhüllt. Nun umfaßte der Jüngling ihre Hüften und lehnte schweigend seinen Mund an ihren Leib.

Ihre Heirat wurde auf Weihnachten festgesetzt; dann nämlich war Elenas Trauerzeit um. Während der Tage, die der Hochzeit vorausgingen, vermieden sie, als sei es eine stillschweigende Abmachung, von der Mutter zu sprechen. Die Alte blieb in ihrem verschlossenen Zimmer und ging Elena aus dem Wege; wenn sie jedoch durch einen Zufall zusammentrafen, wandte sie rasch ihr verzerrtes, erdfahles Gesicht zur Seite. Eines Morgens aber, als Giuseppe nicht da war, hörte Elena eine rauhe, unmenschliche Klage, die aus einem geschlossenen Zimmer drang. Obwohl ein heftiger Widerwille sie fast erstickte, trat sie ein und sah in einer Ecke des Zimmers die Alte auf den Knien liegen und ihre Stirn gegen die Wand pressen. Der von den schwarzen Kleidern umhüllte Körper bewegte sich nicht, aber die Muskeln zuckten unter der Haut, und die Eingeweide wurden vom Weinen erschüttert. Die Alte streckte die Arme an der Wand aus und krümmte die Finger, als suche sie einen Halt, an den sie sich klammern könne.

»Signora ...«, stotterte Elena törich; aber die Alte wandte sich nicht um und antwortete nicht, sondern nahm mit noch größerer Eile ihr verworrenes Fluchen oder Beten wieder auf:

»Man hat ihn mir gestohlen, meinen Sohn«, hörte Elena, »meinen einzigen Sohn, meinen Jungen.« Und auf ihrem faltigen, blassen Hals schwollen die Adern an, daß es aussah, als müßten sie zerspringen und als müßte die Alte auf einmal totenbleich umfallen. Mit dem Gefühl von schmerzender Scham ging Elena aus dem Zimmer. Die Verwünschungen und Klagen der Alten verfolgten sie unentwegt und flößten ihr Furcht ein, fast als sei ihr ein wütender Hund auf den Fersen.

Hinter einem Haus hervor kam Giuseppe ihr entgegen mit dem verlegenen Lächeln und der kindlichen Röte, die ihn jedesmal überkamen, wenn er Elena traf. Sobald sie beisammen waren, wußten sie nicht, was sie einander sagen sollten; eine unbestimmte Verwirrung erfaßte sie, wie vielleicht zwei Pilger sie verspüren, die nichts Gemeinsames haben und doch denselben Weg zurücklegen müssen. Wenn sie in einem dröhnenden Pulsschlag beieinander waren, den nur sie allein fühlen konnten, strebte und schwoll das Blut des einen dem Blut des andern entgegen, und die beiden Wogen flossen ineinander mit einer solchen Macht, daß sie meinten, alles Blut sei aus ihren Adern gewichen. Sie drückten einander die brennenden Hände, und ihr Atem vermischte sich in der eisigen Luft. Elena hatte eigentlich von der Mutter zu ihm sprechen wollen, aber nun waren die Klagelaute verstummt, und in der Stille heftete der Dunst des Sonnenuntergangs, der den Raum um sie her freiließ, sich an die Dinge ringsum, so daß es aussah, als strömten sie aus ihm hervor. Sie gingen ins Haus, und Elena glaubte, die Alte schlafe vielleicht.

Die Hochzeit wurde in Eile und in aller Stille gefeiert. Nun begann für Elena eine seltsame Zeit. Während sie in einem Zustand zwischen Trunkenheit und Schlaf umherging, schienen unter ihren Augen alle Dinge aus dem Chaos neu zu entstehen und aus einem inneren Antrieb Gestalt anzunehmen. Und das Sich-Entwikkeln dieser Formen spürte Elena in sich selbst, unter ihrer Haut und in ihrem Gehirn, so deutlich, daß sie mit geschlossenen Augen alle Dinge hätte erkennen können. Zugleich geschahen sonderbare Verwirrungen unter ihren Augen; die Unterschiede zwischen den Gegenständen waren aufgehoben, eine geheime Übereinstimmung stellte sich her zwischen den Reichen der Natur, und es war, als höre das eine Reich auf, wo das andere begann, als habe das eine am anderen teil. Oft schien es ihr, als ob ein Stein atme und Wurzeln schlage in der Erde wie eine Pflanze. Oder die Bäume nahmen das starre Leben der Steine an, die Blätter flogen umher wie Insekten, und die Tiere wurden zu reglosen Massen. Und sie selbst fühlte sich wie ein Baum, aus dem die Knospen hervorsprossen mit einer qualvollen Wonne. Wenn sie einen Gegenstand auch nur streifte, erschauerte sie vor Freude; sie liebkoste alle Dinge, und es war ihr, als entdecke sie alles neu, als entstehe alles in ihrem eigenen Geheimnis. Ihre Augen glänzten, ihr Haar war weicher geworden und schien von Leben zu zittern. Ihr Busen, der immer flach und kümmerlich gewesen war, wölbte sich wie der einer Jungfrau; sie ging langsam und lässig mit königlicher Bewegung. Während die Tage verstrichen, entwickelte sich ihr Körper wie durch ein Wunder zu sanften, weiblichen Rundungen, und sie betrachtete sich erstaunt.

Als sie begriff, daß sie schwanger war, erfüllte sie eine so tiefe Freude, daß ihr war, als versinke sie darin. In ihrer überschäumenden Dankbarkeit schien es ihr, als sei ein Gott mit Leib und Seele gegenwärtig in ihrem eigenen Sein, und sie fiel auf die Knie, und die Tränen strömten über ihr Gesicht. Ganz dem Wunder zugewandt, das sich in ihr vollzog, vergaß sie, daß die Tage und Nächte aufeinanderfolgten; und Lachen und Weinen kamen ihr leicht und plötzlich wie bei Kindern.

Als sie glaubte, die ersten Bewegungen des Kindes in ihrem Leib zu spüren, blieb sie wach in der Nacht, um sie wahrzunehmen. Mit angehaltenem Atem saß sie im Bett, das lose Haar auf den halbnackten Schultern, ein sehnsüchtiges Lächeln auf ihrem Mund. Mit zarten und mütterlichen Worten rief sie Giuseppe, der neben ihr schlief, und als er die schlaftrunkenen Augen öffnete, fragte sie ihn:

»Bist du glücklich?« und mit einem kurzen, heftigen Lachen drückte sie ihn an ihre Brust. Noch lange betrachtete sie ihn, nicht ein einziger Ausdruck seines Gesichtes sollte ihr entgehen, und sie strich mit ihren sorglichen Händen über seinen Körper, damit das Kind sich nach seinen Formen bilde. Oft blickten sie einander verloren an, drückten sich die Hände, ohne zu sprechen, und aus ihren Umarmungen brach eine fast andächtige Heftigkeit, als solle jedesmal das Kind einen neuen Lebensimpuls daraus empfangen.

Nun war die alte Mutter gänzlich beiseite geschoben. In der ersten Zeit blieb sie in ihrem Zimmer, in eine verächtliche Feindseligkeit eingeschlossen. Aber dann konnte sie nicht widerstehen und kam mit verstohlenen und flüchtigen Blicken wieder hervor, beinahe schüchtern. Giuseppe beachtete sie kaum; manchmal ließ er sich von ihr kämmen oder die Schuhe anziehen, doch er sah zerstreut und abwesend dabei aus; und wenn er nur den Widerhall von Elenas Stimme oder ihre Schritte vernahm, horchte er angespannt, ganz jenem Geräusch hingegeben. Die Alte wurde einer Bettlerin ähnlich: Sie erflehte von ihrem Sohn das Almosen eines Blickes, eines Wortes, als Zeichen ihrer alten Gemeinschaft. Vergeblich ging sie geschäftig um ihn herum, wobei sie ihre Stiefelchen knirschen ließ.

Vergeblich knüpfte sie sich das Kopftuch kokett um das Gesicht, und ihre Augen funkelten vor Haß. Giuseppe war immer sprungbereit wie ein Hase im Wald. Die Mutter aber wurde schließlich so leblos und starr wie seine hölzernen Statuen. Ohne sich zu rühren, saß sie auf einem niedrigen Schemel in einer der in diesem Hause so zahlreichen Nischen oder manchmal auf einer Treppenstufe, die Hände unter den Falten des Umschlagtuches ineinandergelegt; es schien, als wolle sie die beiden überwachen, all ihr Tun und ihr zärtliches und fiebriges Geflüster. Zuweilen fingen sie einen ihrer wilden Blicke auf, der im Zorn um Mitleid zu bitten schien wie der Blick der tollwütigen Hunde; doch sie achteten nicht darauf. Die Alte fing an, unverständliche Tiraden vor sich hin zu brummen, Flüche oder flehentliche Bitten, auf welche die Eheleute dann und wann lauschten mit einer undeutlichen und abergläubischen Besorgnis und offensichtlichem Verdruß; aber im Grunde hielten sie sie doch nur für eine Irre. Wenn sie allein war, kauerte sie sich in einen Winkel ihres Zimmers, die weiten Falten des Kleides hüllten sie ein, und sie schluchzte, bis sie außer Atem und leer und schlaff war wie ein Sack. Wenn es aber einmal geschah, daß der Sohn in ihre Nähe kam, ihr zulächelte oder ihr leicht über die Hand streichelte, dann wies sie mit einem finsteren Blick sein Erbarmen von sich und zog sich in ihren Winkel zurück.

So hörten auch diese kurzen Zeichen der Zuneigung endgültig auf. Manchmal schien die Alte Phantasien zu haben; sie malte sich aus, sie könne vielleicht in der Nacht in das danebenliegende Zimmer gehen und einen Augenblick über dem schlafenden Sohne wachen, aus der Nähe nachsehen, ob seine Wimpern gewachsen, ob nicht Anzeichen von vorzeitigen Runzeln zu sehen seien, ob die Haut noch immer so frisch sei wie einst. Vielleicht würde die Kühnheit sie so weit treiben, ihn mit der Hand leise zu streifen. Sogleich aber fiel ihr ein, daß daneben, im selben Bett mit dem Sohn, unter derselben warmen Decke die andere lag. Und sie zuckte zusammen.

So gingen die Tage dahin, bis Elena eines Nachmittags, als der Sommer zu Ende ging, Zwillinge gebar, einen Knaben und ein Mädchen. Nach der Geburt verbrachte sie den Rest des Tages in einem so heiteren Staunen, daß das Verschwinden der Alten erst bei einbrechender Nacht bemerkt wurde. Elena schlief, in eine tiefe Erleichterung versunken, während die Dämmerung die großen weißen Wände verdunkelte; die beiden Kinder schliefen neben ihr, die beiden kleinen, fast genau gleichen Köpfchen auf demselben Kissen. Nach einer Weile hielt Giuseppe in der Betrachtung des Bettes inne und erinnerte sich an die Mutter. Er klopfte an die Tür ihres Zimmers, ohne Antwort zu erhalten, und als er merkte, daß dieses leer war, rief er in plötzlicher Erregung mit leiser Stimme durch alle Zimmer, die ihm ungewöhnlich kühl und verlassen erschienen; endlich gewahrte er ein »Ich gehe fort«, das in ungelenken Buchstaben mit Kohle an die Wand neben dem Kamin geschrieben war. Da rannte er auf die Straße hinaus und rief in den lauen Nachtwind, der ihm die Haare zauste:

»Mama! Mama!« Er hoffte, die Mutter noch zu finden, vielleicht würde sie um die Ecke der Gasse biegen; doch als er sich entschloß, hier und dort nachzufragen, ob man sie zufällig gesehen habe, erwiderte ihm jemand, daß sie, ein Bündel tragend, vor vielen Stunden eilig den Weg herabgekommen sei, ohne mit irgendwem zu sprechen. Dies war geschehen, kurz nachdem Elenas Schreie aufgehört hatten und man das Wimmern der Kleinen vernommen hatte.

Giuseppe ging wieder ins Zimmer hinauf und benachrichtigte Elena leise von der Flucht; sie sagte nichts, sie war erschöpft; doch in dem Blick, den sie miteinander wechselten, lasen beide denselben Gedanken. Die Nachforschungen, die – übrigens nicht sehr eifrig – in den folgenden Tagen angestellt wurden, blieben ergebnislos. Und während die Tage und Monate verstrichen, glaubten sie fast, die Alte vergessen zu haben. Wenn sie aber viele Jahre danach wieder an die Zeit zurückdachten, die zwischen dem Fortgehen der Alten und ihrer Rückkehr vergangen war, wurden sie sich bewußt, wie rasch jene Jahre davongeglitten waren, fast als sei die Zeit der Alten entgegengeeilt. Gewiß war es die Glückseligkeit, welche diese Jahre so kurz erscheinen ließ. Kaum waren die Blüten der Mandel- und Kirschbäume verwelkt, als schon der erste Schnee wieder auf den Bergen lag; und die Herbstnebel waren kaum verflogen, als schon die glühende Sommerluft wieder das Gras versengte und die Flüsse austrocknete.

Auch verliefen die Tage so einfach und gleichförmig, daß man den einen mit dem anderen verwechseln konnte. Giuseppe schnitzte jetzt für die Kinder Holzpuppen, und um sie beweglich zu machen, verband er die Gelenke mit einem Draht. Die beiden Kinder schauten ihm beim Schnitzen aufmerksam zu. Mit jedem Jahr wurde der Paradiesbaum höher.

Wie gewisse Pflanzen, die in der Reife ihres Lebens nur eine einzige Blüte hervorbringen, sich in diesem Geschenk erschöpfen und dann verdorren, so war auch die flüchtige Blüte Elenas abgefallen, ihr Körper überließ sich dem Lauf der Tage, zerfiel in einem trägen Gesättigtsein, und in ihrem erloschenen Gesicht blieb von der fiebrigen inneren Glut nichts übrig als die tierhafte Eifersucht, mit der sie über das Wachstum der Kinder wachte. Die Zwillinge ähnelten einander so sehr, daß sie beinahe gleich aussahen; nur hatte das Mädchen rundlichere Formen und in den Augen eine eigenartige Sanftheit, fast wie ein Lämmchen. Auch unterschieden sie sich durch die Haarfarbe, mohrenschwarz war der Knabe und rotblond das Mädchen, aber beider Haar war lang und glänzend und wurde von der Mutter sorgfältig zu Löckchen gekämmt. Sie hatten große, helle Augen, die rund waren vor Staunen, und besonders die Wangen und Händchen waren voll und zart wie manche Blumenkronen. Sie trugen hübsche Sammetkleider mit Spitzenkragen und Schleifen, bunte Strümpfe bis zu den nackten, rosigen Knien. Wenn sie mit kleinen, vorsichtigen Schritten liefen, hielten sie sich fast immer an der Hand, und da sie die Sprache der Menschen noch nicht sprechen konnten, hatten sie eine besondere gemeinsame Sprache, die aus Gestotter und Schreien bestand, ein Gemisch aus der Sprache der Katzen und jener der Vögel. Oft lachten oder weinten sie über ihre besonderen Geheimnisse, zu denen die Erwachsenen keinen Zugang hatten, und ob es Lachen oder Weinen war, es kam plötzlich und ungehemmt. Waren sie in ihren Erschütterungen auch einen Augenblick lang getrennt und verloren, so fanden sie sich nach einem verwirrten Taumeln in der Einsamkeit des Schluchzens doch sogleich wieder. Dann staunten ihre tränenerfüllten Blicke, wenn sie einander begegneten; und ihr gemeinsamer Schlaf war wie ein Nest mit noch ungefiederten Vöglein.

Sie waren es, die die Alte zuerst erblickten, als sie zurückkehrte und um sich spähend am Gartentor stehenblieb. Sie beobachteten sie voller Verwunderung und folgten ihr Schritt für Schritt, während sie hastig durch den Garten hinkte.

»Mama!« schrie Giuseppe, der die Alte vom Fenster aus sah, und als er unten an der Treppe ankam, schloß er sie in seine Arme. Im ersten Augenblick schluchzte sie; ihre Hände bebten auf der Brust des Sohnes, und sie versuchte vergeblich, mit zuckendem Mund Worte hervorzubringen. Mit unsicherem Schritt betrat sie das Haus; sie ließ sich nicht anmerken, daß sie Elenas Anwesenheit wahrnahm, doch sie wendete rasch ihre Augen ab, und die Pupillen funkelten unter den geröteten Lidern.

Erbleichend zog Elena die Kleinen auf ihren Schoß; ihr Mann trat neben sie, bis er sie mit der Hüfte berührte. Die Alte ihnen gegenüber war mit einemmal verwirrt und vereinsamt und hielt sich mühsam im Gleichgewicht auf dem Stuhl, den der Sohn ihr angeboten hatte. Die Spitzen ihrer blanken und wie neuen Stiefelchen waren zu sehen; sie mußte sie wohl die ganze Zeit für diese Rückkehr aufbewahrt haben. Sonst aber war sie in Lumpen gekleidet, und ihr Anblick hatte nichts Menschliches mehr; sie sah eher aus wie ein Vogel. Ihre Handgelenke und Hände mit den geschwollenen Adern glichen einem Knäuel von Schnüren; auf ihrem Gesicht bildeten die Runzeln sonderbare schwarze Zeichen, Schnitte und Kreuze. Sie hatte keine Lippen mehr, die grauen, strähnigen Haare hingen ihr ins Gesicht unter dem zerschlissenen Tuch.

Aber in den Augen der Zwillinge war sie etwas Wunderbares. »Das ist eure Großmutter«, wagte Giuseppe zu sagen mit leiser, schüchterner Stimme. Da schien der seltsame Vogel sich in seine gebrochenen Flügel zu verkriechen, und er sah die Familie verstohlen an mit wie von Müdigkeit verschleierten Augen; bald jedoch sah man, daß es Tränen waren. Aus den entzündeten Winkeln der Lider lief das Weinen auf ihr bewegungsloses Gesicht. Dann zog ihr Mund sich zusammen und wurde kraus wie der eines Kindes.

»Du«, sagte die Großmutter mit bebender und schwacher Stimme, nur ihren Sohn anblickend, als ob die anderen verschwunden wären. »Du hast deine alte Mutter fortgetrieben, daß sie um Almosen bitten mußte wie eine Bettlerin. Du hast sie allein auf die Straße geschickt, betteln zu gehen. Auf... die... Straße...«, und sie schüttelte verächtlich den Kopf. Dann schwieg sie, von ihrem Zittern übermannt, das ihre zahnlosen Kiefer aufeinanderschlagen ließ; und unsicher schwankte sie auf ihre Nische zu und setzte sich auf die Stufe.

»Willst du etwas essen?« flüsterte der Sohn ihr zu.

Sie sagte: »Wasser und Brot.«

Was suchte sie? Was hoffte sie? Sie blieb dort sitzen, die Füße dicht nebeneinander und die Augen mit den wimpernlosen Lidern auf ihren Schoß gesenkt. Auch diesmal tauschten Giuseppe und Elena einen Blick; von nun an vermieden sie es, die Alte anzusprechen. Nur die Kinder schauten sie bisweilen neugierig an, erstaunt und in seltsamer Weise verzaubert. Als es Abendbrotzeit war, forderte niemand die Großmutter auf, sich an den Tisch zu setzen; nicht ein Laut war aus ihrer Ecke gedrungen, und auch die beiden Eheleute schwiegen, von einer Art angstvoller Bestürzung ergriffen. Sie versammelten sich alle vier rings um den Tisch, und in diesem Augenblick schaute die Alte sie an. Das grelle Licht der Petroleumlampe schloß sie in einen Kreis ein; sie sah Giuseppes Profil, seine blonden Locken, seine Wimpern, die Wange ohne Runzeln. Seine Schultern waren leicht gebeugt, während er das Brot brach. Sein halbgeöffneter Mund sah im Schein der Lampe hellrot und feucht aus. Vor ihm, voll beleuchtet, war Elenas Gesicht mit dem in die Schläfen gekämmten Haar, der weichen Haut und den schwellenden, geschwungenen Lippen. Die beiden Kinder zu ihren Seiten waren wie eine Verklärung ihres Fleisches.

Dann und wann brachen sie in Rufe und zartes, leises Lachen aus; doch Vater und Mutter fuhren fort zu schweigen. Giuseppe beugte sich zur Seite mit seiner ungeschickten Schwerfälligkeit, und auf eine absonderliche Bitte des kleinen Mädchens warf er seiner Frau ein unbestimmtes und knabenhaftes Lächeln zu. Da legte die Frau, so als wolle sie ihm Vertrauen einflößen, ihre weiße Hand in die seine. Die Dunkelheit verbarg die Berührung ihrer ineinander verflochtenen Finger, und lange blieb Elenas Hand in der anderen liegen, als sei sie dort eingeschlummert; dabei lächelte sie, die Augen nicht auf ihren Mann, sondern auf die beiden Kinder gerichtet, die in ihrer wirren Sprache plapperten.

Fast als wäre jene Hand eine Schlange und hätte, über sie hingleitend, mit einem Biß plötzlich Feuer gelegt, erschauerte die Alte und schien zu Asche zu zerfallen. Nur ihre schlaftrunkenen, fiebrigen Augen starrten mit gierigem Widerwillen immer noch auf die Gruppe. »Zu Bett, Kinder«, sagte Elena schließlich und erhob sich. Nun trat Giuseppe zur Mutter: »Brauchst du nichts mehr?« fragte er mit einer neuen und fremd klingenden Stimme. »Dein Bett ist gerichtet.«

Sie antwortete nichts. »Gute Nacht, Mama«, flüsterte Giuseppe beinahe verschämt und schlich hinter Elena hinaus. Die Zwillinge blieben zurück und stellten sich vor die Alte hin, aber doch in einer gewissen Entfernung. Sie betrachteten dieses Gesicht voller Risse und erzählten einander leise mit Staunen und Neugier, daß dies die Großmutter sei. Der Knabe sah sie forschend und nachdenklich an: »Großmutter«, sagte er noch einmal. Da erschien auf dem Gesicht der Schwester ein kaum angedeutetes und flüchtiges Lächeln, und sogleich bedeckte sie das Gesicht mit ihrem Arm.

»Kinder!« rief Elena mit weicher Stimme.

Die Augen der Großmutter schienen sich zu verhärten und zu Glas zu werden. »Hört ihr«, sagte sie leise, »morgen erzählt euch die Großmutter ein Märchen. Kommt morgen wieder.« Sie lächelten offenherzig bei dieser Einladung. Vergnügt und verzaubert gingen sie ein wenig näher zu ihr heran.

»Ein Märchen«, wiederholten sie gemeinsam mit lauter Stimme, »morgen.« Und zur schmeichelnden Alten zurückblickend, folgten sie nur ungern dem Ruf der Mutter.

Die ganze Nacht hindurch blieb die Alte dort sitzen mit schmerzenden und kribbelnden Gliedern. Sie lauschte dem widerhallenden Tosen des Wildbachs; und als der Morgen graute, drang mit dem Getöse auch der glitzernde Widerschein des Wassers herein. Da schüttelte sie sich aus ihrem Schlaf wie ein Vogel aus seinen zerzausten Federn. Noch ohne sich ihrer selbst bewußt zu sein, schweifte ihr verächtlicher und erschrockener Blick umher. Die ersten, die herunterkamen, waren die Zwillinge.

Sie wunderten sich nicht, die Großmutter noch immer dort zu sehen; sie warteten auf das Märchen. Die Alte sah aus, als habe man sie geschlagen; sie war wie ein morsches Stück Holz, nur die Augen glänzten, zwei Glasscheiben ähnlich.

»Soll die Großmutter euch das Märchen erzählen?« flüsterte sie bedachtsam, als tauche in ihr ein in dieser Nacht geträumter Traum wieder auf.

Die beiden Kinder drängten sich aneinander mit einem vergnügten kleinen Lachen, die Pupillen vor Spannung geweitet. Es war ein Fest für sie, als die Alte zu sprechen begann. Sie sah sie forschend und strenge an wie eine Lehrerin, die etwas erklärt, und sie betonte jede Silbe.

»Dort unten, wo die Großmutter gewesen ist«, sagte sie, »gibt es eine große Wiese, eine große Wiese mit Blumen, die aus Wasser gemacht sind. Dort gibt es Pferde aus Glas, die springen, und Vögel aus Wasser, die fliegen.«

»Sind auch die Flügel aus Wasser?« fragte der Knabe.

»Gewiß«, erwiderte sie ärgerlich. »Und zum Schlafen gibt es ein Hemdchen aus Gras, für jeden eines.« An dieser Stelle sahen die Geschwister sich zweifelnd an. Doch schon meinten sie, durch das hohe Fenster im Widerschein des Wildbachs die feurigen Pferde aus Glas hereinstampfen zu sehen. Mit Glöckchengeläute und geblähten Flügeln trampelten sie mit ihren Hufen über jene besonnte und flüssige Wiese; ihre tausend Augen sprühten Funken wie Kohlen. Die Zwillinge starrten die abenteuerliche Alte gutgläubig an. Sie hätten gern weitere Fragen gestellt, doch die Großmutter flößte ihnen außer Staunen auch Furcht ein, so daß sie schweigend an der Wand stehenblieben und verlegen mit den Händen über ihre Schürzen tasteten. Schließlich aber nahm die Begeisterung in ihnen überhand, und sie stotterten fröhlich noch Ergänzungen zu dieser Geschichte und lachten verzückt. Auch die Alte lachte mit all ihren Runzeln und mit einem dumpfen, trockenen Geräusch wie knisterndes Holz. Dann erhob sie sich; sie war stumm und ernst geworden und streifte die Kinder nur mit einem verachtenden Blick. Sie schien zu frieren, so fest wickelte sie sich in ihr Umschlagtuch ein, und ihre gelblichen Hände zitterten.

»Addio«, sagte sie mit einem Seufzer. Dann ging sie zur Tür, ohne die Kinder noch einmal anzusehen, und schlich humpelnd davon. Sie blieben allein in dem von den Sonnenstrahlen durchfluteten Zimmer, und durch das Fenster sahen sie die Großmutter ganz klein und schwarz den Hang hinuntergehen. Sie wären ihr gern gefolgt, aber sie hatten nicht den Mut dazu; auch glaubten sie, die Großmutter werde nur kurze Zeit fortbleiben und jeden Augenblick wieder auftauchen, vielleicht auf dem Rücken eines ihrer fliegenden Pferde. »Wo ist sie?« fragte nach einer Weile das kleine Mädchen und zog ihren Bruder am Ärmel. Der schüttelte nachdenklich den Kopf. Plötzlich waren sie betroffen von dieser funkelnden Stille: »Mama!« schrien sie und liefen die Treppe hinauf. »Ruf die Großmutter! Ruf sie! Ruf sie!« Diesmal nahmen die Nachforschungen nur kurze Zeit in Anspruch und waren nicht vergebens. Die Alte wurde in der Abenddämmerung aufgefunden. Zuerst entdeckte man ihr schwarz-rotes Umschlagtuch, das sorgsam zusammengefaltet auf einem Stein lag, und daneben ihre noch immer blanken, wenn auch an den Spitzen etwas abgestoßenen Stiefelchen. Sicher hatte sie sich aus Eitelkeit diese Kleidungsstücke ausgezogen, damit sie nicht verdorben würden vom Wasser. Bald darauf wurde ihr Körper, der aus dem tobenden Fluß herausgeschleudert worden war, auf dem Kiesstrand gefunden. Von den spitzen Steinen des Bachbettes mißhandelt, war er voller Schrammen und Wunden und sah so geschwollen und schlaff aus wie ein Baumstamm mit morscher Rinde. Die verklebten Haare, grünlich vom Wasser und Schlamm, glichen langen, verwelkten Grasbüscheln. Die Augäpfel waren verdreht und so weiß und starr wie zwei Blumen eines unterirdischen Teiches.

Die Kinder waren schon eingeschlafen, als dieser Körper ins Haus getragen wurde. Eine ungeheure Stille folgte auf das Tosen des Wildbachs in dem Zimmer, in das die Alte gelegt wurde und wo eine geschwätzige Bäuerin ihr die Augenlider zudrückte und sie ankleidete. Sobald alles Notwendige getan war, legten auch Giuseppe und Elena sich zur Ruhe.

Im Bett, an der Seite ihre Mannes, glaubte Elena mitten in einem bösen, bedrückenden Traum dumpfe Aufschläge zu hören in regelmäßigem Rhythmus: »Das ist die Erde, die man über sie schaufelt«, dachte sie, »es ist zu Ende, so Gott will«; aber bei diesem Gedanken fühlte sie plötzlich eine Eiseskälte in den Schläfen und meinte, die Alte sei ins Zimmer gekommen und lehne sich schweigend an die dunkle Wand gegenüber mit einer Gebärde, als wolle sie sich die Stiefelchen ausziehen; sie wandte Elena ein Lächeln des Einverständnisses zu, das nicht ohne Anmut war. Ihre Augen zwinkerten verschmitzt und funkelnd unter dem an den Zipfeln zusammengebundenen Tuch hervor.

In beklemmender Angst wachte Elena plötzlich auf und richtete sich im Bett hoch. Noch ehe sie ganz zum Bewußtsein kam, sah sie Giuseppe an und wunderte sich nicht, daß er ebenfalls reglos im Bett saß und mit weit aufgerissenen Augen an die Wand starrte. Sie berührte seine Hand, und bei dieser Berührung schauderte sie. Ohne etwas zu sagen, fiel sie in den Schlaf zurück.

Schon im Morgengrauen kündigte sich ein heiterer Tag an. Ein durchsichtiges Licht ließ den Raum größer erscheinen und enthüllte bis zum Horizont die an den Berghängen erbauten Städte. Die Wiesen, weich von der Frühlingsfeuchtigkeit, schienen die Tropfen einzuatmen, und die Vögel schüttelten sich mit sehnsüchtigen Klagen. Bei den ersten Lichtstreifen, die durch die Fensterläden drangen, bemerkte Elena voll Entsetzen, daß der junge Kopf ihres Mannes, der schlafend auf dem schweißnassen Kissen lag, nicht mehr blond war, sondern beinahe weiß. Als sie ihn rief, hob er unwillig das Gesicht wie aus einem tödlichen Schlaf. Die Unreife seiner Züge schien nun gezeichnet von einem stumpfen und bleichen Alter, als habe heute nacht eine kranke Wurzel in seinem Fleisch zu wuchern begonnen. Und seine Blicke flüchteten sich sogleich in die Winkel seiner Augenhöhlen zurück, als fürchteten sie sich, den Blicken Elenas zu begegnen.

Die Alte wurde in aller Eile und beinahe heimlich fortgetragen. In weitem Abstand voneinander und ohne sich ins Gesicht zu sehen, folgten ihr der Sohn und die Schwiegertochter, am Fluß entlang, in dem die Bäume und Schornsteine sich spiegelten. So gingen sie den Weg hinab, während im Hause die Dienstmägde in der Küche versammelt waren und geheimnisvoll flüsterten.

Unterdessen standen die Zwillinge auf, und ohne irgendwen zu Hilfe zu rufen, zogen sie sich mühsam ihre rot-weiß gewürfelten Kittelchen an. Mit zerzausten Haaren stiegen sie langsam die Treppe hinunter, wobei die Sohlen ihrer ungeschnürten Sandalen klapperten. Da es so früh am Morgen war und die Sonne durch die Fenster flutete, knüpften sie in Gedanken das Heute an den vorhergehenden Tag an und wunderten sich, als sie sahen, daß die Nische der Großmutter leer war.

»Großmutter!« riefen sie im Korridor. Dann trieb ihre Kühnheit sie dazu, in das Zimmer einzutreten, das der Großmutter gehört hatte. Noch war auf dem Bett die Mulde eines Körpers zu sehen; ein Dunst, der nach Eingeschlossenheit und Finsternis roch, schwebte zwischen Tür und Spiegel. Die beiden Kinder wichen zurück.

Vergebens suchten sie die Alte in allen Zimmern. Die Sonne malte auf den Kalk der Wände fließende Blätter und Zweige, Halme und Insekten mit schwirrenden Flügeln. Ein wenig bekümmert kamen die Geschwister bis in die düstere Kammer, in der ihr Vater die Holzstatuen aufgestellt hatte. Auf den zusammengepferchten und verstaubten Figuren hing ein Spinnennetz, ganz mit funkelnden Tropfen übersät. »Sie ist nicht da«, sagten die Kinder enttäuscht, und sie beschlossen, die seltsame und liebenswürdige Großmutter im Obstgarten zu suchen.

Hier beobachteten sie neugierig ihre beiden Schatten, die auf dem langen Schatten des Paradiesbaumes vorwärtsschritten; und darüber redeten sie miteinander. Als sie zum Wipfel des Baumes aufblickten, der voller Vögel war, sahen sie ein sonderbares, verlockendes Insekt an einem Lichtstrahl herabschweben. Es war ein großer Schmetterling, dessen schwarze Flügel mit roten Arabesken verziert waren; wie schlaftrunken flog er auf und nieder. »Fang ihn!« sagte das kleine Mädchen; aber kaum hatte der Knabe die Hand ausgestreckt, flog der Schmetterling davon über die Hecke des Gartens.

Er war so nah, daß man seine kleinen Füße zittern und seine Augen, die Pfefferkörnchen glichen, listig glänzen sah; doch er ließ sich nicht fangen. Die Wiese war in Wind und Tau getaucht, die Blumen begannen sich zu öffnen, und kein anderer Laut war zu hören als das Tosen des Wildbachs, dem Donnern einer Schlacht ähnlich. »Gehen wir weiter«, beschlossen die Kinder. Schon stieg aus den Schornsteinen der Rauch mit seinen wirbelnden Figuren, und die Sonne stand senkrecht über der Eisenbrücke. Die Geschwister traten aus dem kühlen Gras des Ufers heraus und blieben bei der Brücke stehen. Der Fluß lief glitzernd dahin und vermischte Wasser und Licht. Der Schmetterling war verschwunden.

An einem dürren, schwärzlichen Baum war ein plumpes Boot angebunden, von dem der Lack abgesplittert war. Kaum war es den Kindern unter Schwierigkeiten gelungen, hineinzusteigen, als der Ast, der dem leichten Gewicht nicht standhielt, mit dem darangebundenen Seil abbrach. Unter Jubelschreien, mit den winzigen, rundlichen Händen winkend, begrüßten sie den Beginn ihrer Reise.

Spiegelungen, kalt und blinkend, liefen über das

Wasser hin, und das Boot schien ihren Spuren nachzugleiten. In Wirklichkeit wurde es von der Strömung angezogen, die in die Tiefe stürzte. Die Kinder drängten sich an die Sitzbank, von Angst gepackt. Doch schon bäumten sich auf dem grünen Streifen des Lichtes die gläsernen Pferde ihnen entgegen, und aus ihrem wilden Lauf brach pfeifend ein eisiger Wind hervor, in dem die Vögel mit den Flügeln aus Wasser um sich schlugen. »Da ist sie!« flüsterten die entsetzten Kinder. Und plötzlich hob sich das Boot auf die Kruppe der rasenden Pferde und, sich um sich selbst drehend, warf es sich mitten in den Wildbach hinein.

Übersetzt von Susanne Hurni-Maehler

Rosetta Loy
Walter Palmaran

Die Mädchen hatten ihren Satz aufgesagt und sich dann reizend linkisch verneigt, ihre Locken ringelten sich auf Spitzenkrägelchen und Samt: Das Märchen vom Froschkönig wurde gespielt. Zwei entzückende kleine Mädchen mit Patschhändchen, die die weiten Röcke hielten. Auch die Prinzessin hatte mit großer Würde ihre Verbeugung gemacht, die glänzende blonde Perücke senkend, während der Froschkönig (Luisas Sohn) sie an der Hand hielt, ein siegreiches Lächeln auf dem offenen Gesicht. Die Unterlippe hing ein wenig herab, feucht und rosig.

Luisa saß auf dem Rasen in der ersten Reihe, die langen Beine in den grauen Flanellhosen übereinandergeschlagen und einen großen Korb auf den Knien. Es war ihr Geburtstag, und sie hatte für alle kleinen Schauspieler ein Geschenk vorbereitet; ihre schmalen Hände mit der dunklen, feinen Haut zerknitterten die Schleifen der Päckchen. Und als der Prinzessin bei der letzten Verbeugung die Sicherheitsnadel am Rock geplatzt und der dicke weiche Bauch zum Vorschein gekommen war, hatte sie zu lachen angefangen und gleichzeitig in die Hände geklatscht, als hätte das Mißgeschick zur Aufführung dazugehört.

Das bewundere ich am meisten an ihr, hatte sie sich gesagt, das ist es, was sie so außergewöhnlich macht, diese Fähigkeit, zweierlei auf einmal zu sein, erbarmungslos (sie hatte gelacht), aber auch großmütig (sie hatte geklatscht, während die anderen in verlegenem Schweigen verharrten). Und all das, ohne eine Sekunde unsicher zu zögern, auf so natürliche Art. Eine Offenheit, die die anderen sofort spürten.

Sie hatte dafür ihre beiden kleinen Mädchen: unwiderstehlich in ihren langen Kleidern, auch jetzt, da sie erhitzt von der Bühne herabstiegen und sich mit der unwillkürlichen Anmut bestimmter Wildtiere an sie drängten, wie Eichhörnchen oder Rehe. Sie stellte sich vor, daß alle dachten: Die kleinen Mädchen sind die wirkliche Überraschung des Tages.

Tatsächlich war es mehr oder weniger so; die Mädchen kletterten auf ihre Knie, hängten sich an ihren Hals, rutschten auf den Rasen hinunter, wo die lichten Abendschatten allmählich länger wurden, und unwillkürlich dankte man der Natur oder dem, der an ihrer Statt dieses Schauspiel geschaffen hatte. Dieses langweilige, auf unterschwellige, perfide Weise langweilige Schauspiel.

Auch morgens, wenn die Mädchen auf ihr Bett kletterten und die Decke zerwühlten, die Kännchen auf dem Frühstückstablett umstießen, während sie mit bloßen Füßen von einer Seite zur anderen sprangen, lauerte Langeweile in der Wiederholung der Gesten, in dem Bild, das stets von den gleichen Worten, von Lächeln, vom Geruch des Kaffees und der Butter begleitet wurde. Leicht gemildert nur durch die Ungewißheit des Wetters: Vielleicht würde es regnen, oder die Sonne würde später herauskommen.

Sie machte Collagen. Am Tisch vor dem Fenster sitzend, faßte sie mit spitzen Fingern in die lose in einer großen Holzschachtel liegenden Blumen, leicht berührte der Fingernagel die, die am Boden hängengeblieben waren. Manchmal mußte sie blasen, um zwei Blütenblätter voneinander zu trennen oder auch Staubfäden und Stempel, die auf den Buchseiten, zwischen denen sie eingeschlossen gewesen waren, einen Fleck hinterlassen hatten wie von einem zerquetschten Insekt. Und im Geist, fast als handle es sich um eine amorph gebliebene, aber dauernd spürbare äußere Schicht, hatte sie immer wieder die perverse Vorstellung: Wie lange, wie lange wird es noch so gehen?

Ihr war, als sei schon viel Zeit vergangen, viel geschehen: die Hochzeit, die Geburt der Mädchen. Der Tod ihrer Mutter. Doch vielleicht war das nichts, noch gar nichts. Zuweilen betrachtete sie ihren Mann von hinten, wenn er am Fenster stand, die Hände hinter dem Rücken gekreuzt, der Kopf dort, wo ihm nun die Haare ausgingen, leicht abgeflacht. Ein vorsichtiger, nervöser Mann, der immer zusammenzuckte, wenn die Mädchen hereinstürmten. Oder wenn er sie auf ihrem Bett herumhüpfen sah. »Du bist dreißig Jahre alt«, sagte er dann zu ihr, »du solltest dir mehr Achtung verschaffen.«

Die Blumen pflückte sie auf den Wiesen, aber sie konnte auch in ein fremdes Haus hineingehen und um eine Blume bitten, die sie auf einem Fensterbrett gesehen hatte. Oder heimlich durch einen Gartenzaun hindurch eine abreißen. Es machte ihr dann Spaß, sie zwischen den Buchseiten zu pressen, es gefiel ihr, wie sie an Körper verloren, zerbrechlich, beinahe hauchdünn wurden. Auch die dicksten, die am meisten Saft hatten.

Das Haus an der Talmündung war erst kürzlich gebaut worden. Es hieß L'Ardita und war schon von weitem zu erkennen an dem schwindelerregend steilen Dach, das nur einseitig geneigt war. Fast wie der Bug eines zum Stapellauf bereiten Schiffes. Viele waren davon begeistert, und jeden Sommer kamen die Leute auch aus den umliegenden Dörfern, um es zu bewundern; und immer verweilte jemand, um Fragen zu stellen. Ob die ebenerdigen Zimmer nicht zu niedrig seien, und wie man das Dach ausbessern könne, falls es mit der Zeit einmal nötig werden sollte.

So war auch Walter Palmaran hereingeschneit. »Doktor Palmaran?« hatte sie ihn mit einem anmutigen Lächeln gefragt. »Nur Walter Palmaran«, hatte er geantwortet; er hatte ein langes, ironisches Gesicht und schmale graue Augen. Er war sehr einfach, fast nachlässig gekleidet und hatte sogleich gesagt, daß er dieses Haus grauenhaft fände, es tue ihm leid, aber es sei wirklich das Grauenhafteste, was er je dort in der Gegend gesehen habe. »Der Architekt gehörte aus dem Berufsverband ausgeschlossen«, hatte er gesagt. Und angesichts ihres Staunens über soviel Gemeinheit gelacht. »Aber die Aufführung«, hatte er hinzugefügt, »war phantastisch, wirklich phantastisch ...« Er hatte sie von der Straße aus bewundert – er hatte sich auf einen der Prellsteine vor dem Haus gesetzt und sie dort ungestört genießen können. »Ihre kleinen Mädchen sind wunderbar«, hatte er gesagt, »Sie sollten sie nicht in so einem Haus leben lassen!«

»Sind Sie Architekt?« hatte sie gefragt und dabei versucht, einen eisigen Ton anzuschlagen.

»Nein, glücklicherweise nicht. Ich bin weder Architekt noch Doktor, noch sonst irgend etwas, ich mag einfach dieses Tal sehr gern. Man kann fast sagen, ich bin hier geboren ... Schade, wirklich schade ... Es war so schön.«

Das war zuviel. »Entschuldigen Sie mich«, hatte sie gesagt, hatte ihm den Rücken gekehrt und war zum Rasen hinübergegangen, wo nun der Kuchen gereicht wurde und den Mädchen beim Essen die Sahne aufs Kleid tropfte, während ihre langen Röcke im Gras schleiften.

»Walter Palmaran.« Der Mann war ihr gefolgt und stellte sich bei allen vor. Dann hatte er mit den Kindern zu scherzen begonnen, und Luisa hatte ihm ein Stück Heidelbeerkuchen angeboten. Und als es dunkel geworden war, hatte sie ihn mit ihrem Mann im Wohnzimmer sitzen sehen: Sie hörten eine Platte, und über dem grünen Sofa war das Licht eingeschaltet, während die Begonien in den Rechtecken der Fenster nur noch düstere Flecken bildeten. »Walter Palmaran bleibt zum Abendessen bei uns«, hatte ihr Mann gesagt; und er schien nun sehr erstaunt zu sein, daß sie nicht wußte, daß Walter Palmaran einer der größten Musikkritiker Europas war.

Sie war in die Küche gegangen und hatte versucht, das Abendessen, für das nur gekochtes Rindfleisch vorgesehen war, abwechslungsreicher zu gestalten, während Adele sich darum gekümmert hatte, daß die Mädchen ihren Milchkaffee bekamen. Sie hatte auch die schwarzweiß karierte Tischdecke aufgelegt. »Es tut mir leid«, hatte sie mit ihrem anmutigen Lächeln gesagt, »aber wir sind es gewohnt, hier im Gebirge sehr spartanisch zu leben«, überzeugt, dieses Bekenntnis zu einem wenig bürgerlichen Leben müsse Walter Palmaran gefallen. Er indessen hatte das Gesicht gehoben und sie mit seltsamer, inniger Wärme fixiert. »Nun gut«, hatte er erwidert, »für heute abend werde ich mich damit begnügen«, und die langen schmalen Augen hatten ihre Hände betrachtet, die die Obstschale hielten: Die Hände zitterten ein wenig. Dann hatten sie am Tisch gesessen in dem Licht, das von dem Lampenschirm aus gelber Seide herabfiel, während das übrige Zimmer im Schatten lag und durch die Holzwände noch dunkler wirkte. Adeles Schritte klapperten auf dem Eichenfußboden, während sie das Essen servierte. Das ganze Haus war aus slawonischer Eiche gebaut, und sie hätte das jetzt gern gesagt, fand aber keine passende Gelegenheit. Die Mädchen waren heruntergekommen, um ihr Gute Nacht zu sagen, und waren in ihren blauen Schlafanzügen auf ihren Schoß geklettert. Die Kleinere hatte den Kopf in ihre Halsbeuge geschmiegt, und ihre langen Locken hatten sich über ihre Schulter gebreitet. Die Größere hatte gehustet. »Schick sie endlich ins Bett«, hatte ihr Mann gesagt, »siehst du nicht, daß sie sich erkälten!«

Walter Palmaran aber hatte zu essen aufgehört, und sein Blick bat nur darum, ihm das Vergnügen zu verlängern, als hätte er nie etwas Schöneres gesehen als diese Gruppe im Lichtkreis der Lampe aus gelber Seide. »Los, los, geht ins Bett«, hatte sie gesagt und dabei gefühlt, wie sie errötete.

Adele hatte abgeräumt, und sie hatten sich auf das grüne Sofa gesetzt, ihr Mann hatte sich auf die Suche nach der Platte mit dem Vorspiel von *Rheingold* gemacht, das mit den Worten *Weia! Waga! Woge, du Welle! Walle zur Wiege!* ... beginnt, und sie hatte ihr Strickzeug zur Hand genommen. So hatte Luisa sie angetroffen, als sie mit von der Abendluft kaltem Gesicht, das von den glatten dunklen Haaren gerahmt wurde, hereingekommen war. Sie war ungeschminkt, doch ob es nun an der Kälte lag oder an der Aufregung, an der Angst, die ihr großer blasser Mund verriet, sie war jedenfalls unglaublich schön.

Sie war hereingekommen, als hätten sie diesen abendlichen Besuch erwartet, und hatte ihre Strickjacke in schreienden Farben in den Sessel fallen lassen: Goldgelb, Blau, Orange, Türkis. Nur die Stimme hatte ihre Verlegenheit verraten, und ein kaum wahrnehmbares Klopfen der Halsschlagader. Etwas, das außer ihr vielleicht niemand bemerkt hatte. Und sogleich war es ihr so vorgekommen, als hätte sich der Raum mit einer beunruhigenden Präsenz gefüllt und könne sie kaum fassen, so als wäre Luisa ein Vogel, dessen ausgebreitete Schwingen in den Zimmerecken anstießen. Auch das Gespräch war plötzlich wieder in Gang gekommen, niemand hatte mehr der Musik zugehört, und als die Platte zu Ende war, hatten sie es gar nicht bemerkt. Luisa saß außerhalb des Lichtkreises, ab und zu hatte sie gelacht, und ihre Zähne hatten im Schatten aggressiv aufgeleuchtet. Die großen Augen ruhten unverwandt und voller Aufmerksamkeit auf Walter Palmaran.

Aus der Küche waren zwischendurch die Geräusche von Adele, die das Geschirr spülte, herübergedrungen, dann hatte sich auch Adele schlafen gelegt, und draußen war der Mond aufgegangen. Sie war aufgestanden, um die Nadel abzunehmen. die noch mit leisem Rauschen auf der Platte kreiste, und hatte die Lichter des Dorfes an der Talmündung betrachtet; auf dem Rasen lagen noch die Bühnenbretter, die anderntags abgeholt werden sollten. »Wenn Herr Palmaran über Nacht hierbleiben will«, hatte sie gesagt, »kann er ganz oben schlafen, in dem Zimmer am Ende der Treppe.«

Walter Palmaran war eigentlich nur für ein paar Tage hergekommen, aber am Ende war er den ganzen Sommer geblieben. Er hatte in einem Bauernhaus ein Zimmer gemietet und frühstückte morgens mit frischgemolkener Milch, dunklem Roggenbrot und noch tropfender Butter. Ihm zu Ehren war das Märchen vom Froschkönig noch einmal aufgeführt worden, und um die Kinder zu belustigen, war er am Ende selbst auf die Bühne gestiegen und hatte den Spruch des treuen alten Dieners rezitiert, dem vor Aufregung das Herz zu zerspringen droht: *Nein, Herr, der Wagen nicht,/ es ist ein Band von meinem Herzen,/ das da lag in großen Schmerzen,/ als Ihr in dem Brunnen saßt,/ als Ihr eine Fretsche wart.* Mit der Hand auf dem Herzen hatte er den Vers deklamiert, doch sein Blick war nicht zu den Kindern gegangen, obwohl diese gelacht und Beifall geklatscht hatten, sich um ihn geschart und ihn mehrmals aufgefordert hatten, das Ganze zu wiederholen. Er hatte jedesmal mit anderer Stimme gesprochen, einmal flehentlich und leidenschaftlich, dann wieder tief und brummig.

Ihr war es so vorgekommen, als hätte, während Walter Palmaran mit der Hand auf dem Herzen auf der Bühne stand, sein Blick den ihren gekreuzt; doch sie mußte sich getäuscht haben, denn als die Kinder sich über den Rasen verstreut hatten, hatte sie ihn vergeblich gesucht. Und auch, wo Luisa hingegangen war, wußte niemand.

Der Sommer '36 war ein kalter, regnerischer Sommer gewesen. Anfang August hatte es sogar geschneit, und am Waldrand waren die Rehe erschienen. Danach war der Schnee noch lange in den Schluchten liegengeblieben und immer körniger und grauer geworden, doch das hatte die Kinder nicht davon abgehalten, zum Spielen dorthin zu gehen. Auch wenn sie jedesmal ganz durchnäßt heimkamen und sich manche sogar eine Bronchitis geholt hatten. Wie Luisas Sohn, der am Tag des Dorffestes noch Fieber hatte und, in Decken gewikkelt, vom Fenster aus zusehen mußte, wie die anderen Kinder gemeinsam in ihren Tiroler Trachten loszogen. Die Stirn an die Scheibe gedrückt, hatte er geweint, und seine herunterhängende Unterlippe war weich und trocken gewesen vom Fieber. Auch seine Mutter trug eine alte Tracht dieses Tals, mit golden besticktem Mieder und gefälteltem Rock, lange goldene Nadeln steckten in ihrem Haar, das in zwei Zöpfe eng um den Kopf gelegt war. Sie sah so jung aus, und von oben war ihr Nacken zwischen den beiden schwarzen Atlasbändern schmächtig und dunkel erschienen.

Walter Palmaran dagegen hatte sich geweigert, etwas anderes anzuziehen als seine übliche Kleidung, er haßte, hatte er gesagt, jede Art von Uniform und war in seinem Pullover und den Kniebundhosen mit den ausgefransten Taschen zum Fest gegangen. Doch hatte ihn das nicht daran gehindert, die ganze Zeit zu tanzen, alle Tänze, auch die schnelleren, die soviel Gepolter auf dem Holzboden machten. So hatten sie es erzählt, als sie gekommen waren, um nach Luisas Sohn zu sehen; doch das Kind hatte keine weiteren Fragen gestellt und nur die Bonbons gelutscht, die sie ihm mitgebracht hatten.

Sie hatten fast immer zusammen getanzt, er und Luisa. Der gefältelte Rock hatte sich gebauscht wie ein schwarzes Banner und dabei die langen Beine in den weißen Baumwollstrümpfen enthüllt, während seine Hand fest die von dem bestickten Mieder umschlossene Taille an sich gedrückt hielt, als müßte er fürchten, sie könnte ihm im Eifer des Tanzes entgleiten. »Ein schönes Paar«, hatten manche gemeint; doch einige hatten ganz andere Kommentare abgegeben, als sie bemerkten, wie er ihr ab und zu ins Ohr geflüstert und dabei fast mit dem Mund ihre Wange berührt hatte, und wie Luisa gelacht und ihre großen Augen voller Freude aufgeschlagen hatte. Eine Schande, so viel Glück.

Vielleicht hatte sie, als Walter Palmaran zu ihr getreten war, um sie zum Tanzen aufzufordern, ihn deshalb einen Augenblick lang zwischen Wunsch und Wut schwankend angesehen und sich dann auf der Bank zurückgelehnt: »Nicht diesen«, hatte sie mit herausforderndem Blick gesagt, »vielleicht später . . .«, und den blonden, engelhaften Kopf wieder auf die rissige Holzlehne sinken lassen.

In jenem Sommer war auch viel über den Spanienkrieg gesprochen worden, und ständig waren Nachrichten von grausamen Massakern eingetroffen, die die »Roten« angerichtet hätten; natürlich sprach man nicht vor den Kindern davon, obwohl sie angehalten wurden, für die spanischen Kinder zu beten und für die Nonnen und die Priester, die keine Kirchen mehr hatten, in die sie sich flüchten konnten. Manchmal waren die Diskussionen sehr hitzig verlaufen, weil prompt immer irgend jemand sagte, das sei doch alles Propaganda, und die *Roten* seien keine Roten, sondern Republikaner, die eine mit den Stimmen aller gewählte Regierung verteidigten. Einer von ihnen war Walter Palmaran, und wenn er redete, wagte niemand, ihm zu widersprechen, weil er Namen und Ereignisse nannte, von denen die anderen nichts wußten.

Ihr Mann mischte sich selten ein, meistens hörte er nur zu, das blutleere Gesicht so ernst, daß es wie aus Stein gehauen wirkte. Erst an dem Tag, an dem das Radio gemeldet hatte, daß es General Franco gelungen sei, die Meerenge von Gibraltar zu passieren, hatte er öffentlich seine Befriedigung darüber bekundet. Er hatte sich beim Sprechen erregt und rote Flecken auf den Wangen bekommen; im Eifer der Rede hatte er sich die Brille abgenommen und fuchtelte damit in der Luft herum. Ihr war die vergangene Nacht eingefallen, als er sich leise, vorsichtig bewegt hatte, darauf bedacht, kein Geräusch zu machen, und plötzlich seine Brille heruntergefallen war und ein Klirren die Stille der Nacht zerrissen hatte. (*Gott sei dank ist sie nicht kaputtgegangen,* hatte er geflüstert, *nicht einmal abgesplittert,* und im Dunkeln die kalten Gläser auf ihrer Brust betastet.) Jetzt, während sie zusah, wie Walter Palmaran sich unwirsch vor dem aufgeregten Gestikulieren zurückzog, hatte sie wie eine steigende Flut in sich den Wunsch wachsen gefühlt, zu wissen, wie es mit ihm sein könnte. Wie, auf welche Weise anders.

Walter Palmaran hatte den Blick bemerkt, und seine Augen hatten sich irgendwie indigniert auf sie gerichtet. Nach den Worten ihres Mannes hätte er eine andere Reaktion erwartet als die, die er nun in ihrem Blick las. Doch sie hatte ihr Gesicht wieder gesenkt und weiter Tee eingeschenkt, ihn genau da hingegossen, wo er hingehörte, die Hand fest um den Henkel der Teekanne geschlossen. Darauf war Walter Palmaran aufgestanden und hatte zum erstenmal einen aggressiven Ton angeschlagen, mit harter, schneidender Stimme, in der sich Zorn und Verachtung mischten. Und in der Stille, die darauf gefolgt war, hatte ihr

Mann, sehr blaß, weiter seine Brille rotieren lassen, während von draußen das Geschrei der Kinder zu hören gewesen war, die vor dem Regen davonliefen.

Wenn sie mit den Mädchen spazierenging, nahm sie nun immer die Straße, die ins Tal hineinführte, an dem Haus vorbei, in dem Walter Palmaran wohnte. Es war ein hohes, schmales, rosa gestrichenes Haus mit kleinen, weit oben angebrachten Fenstern. Diese Fenster waren stets geschlossen, und die schrägen Strahlen der untergehenden Sonne ließen ihre Scheiben aufblitzen. Rundum herrschte tiefe Stille, und sie fragte sich, welches Fenster wohl zu seinem Zimmer gehörte, und wenn sie an der Tür vorbeiging, sprach sie laut, rief die Mädchen. Lachte.

Eines Nachmittags war sie hineingegangen, und drinnen war es dunkel, eine steile Holztreppe führte in das obere Stockwerk, und am Kleiderständer hing eine Strickjacke, eine Jacke, die vielleicht Walter Palmaran gehörte. Eine Frau, die Weidenruten flocht, hatte sich erhoben, als sie sie in der Tür erblickte, den halbfertigen Korb an den Rock gedrückt. Sie hatte gefragt, ob hier Herr Palmaran wohne. »Walter Palmaran ist nicht zu Hause«, hatte die Frau auf deutsch geantwortet: Sie war jung, und in dem breiten, flachen Gesicht wirkte auch die Nase wie gezeichnet, nur die Augen waren unglaublich blau und blank, fast als wären sie auf Holz gemalt. Sie hatte ihr damit direkt ins Gesicht geblickt und, wiederum auf deutsch, gefragt, ob sie eine Nachricht hinterlassen wolle. Aus dem Halbdunkel des Zimmers tauchten alte geschnitzte Möbel auf und eine hohe, mit Blumen und Vögeln bemalte Standuhr. Hoch aufgerichtet stand die Frau vor diesem Hintergrund, als müßte sie etwas Intimes verteidigen, die Gerüche und das Dunkel, die Strickjacke am Kleiderständer. Der Hals, der aus der Bluse hervorsah, war von wunderbarer Makellosigkeit. Wie ein Blitz war ihr ein Gedanke durch den Kopf geschossen (*Coureur des femmes*, hatte ihr Mann einmal von Walter Palmaran gesagt, *coureur des femmes*). Daraufhin hatte sie halblaut etwas gemurmelt, kaum mehr als ein Stottern, und war rasch wieder zu den Mädchen hinausgelaufen, die auf der Straße geblieben waren.

Am selben Abend hatte sie auf dem Heimweg von weitem Luisa und Walter Palmaran gesehen, wie sie gemeinsam näher kamen, sie trug einen langen bunten Schal, und der Wind hatte ihr das Haar zerzaust. Auf einmal war Luisa stehengeblieben und hatte zu lachen begonnen, triumphierend war ihr Lachen, voll, von einer unverschämten Fröhlichkeit. Die Mädchen waren ihr entgegengelaufen, angezogen von ihrer Fröhlichkeit, während sie mit ihren Strickjacken auf dem Arm stehengeblieben war. Und es war ihr so vorgekommen, als wäre die Eifersucht eine Farbe geworden, die auf sie abfärbte, und als wäre es ihr nun nicht mehr möglich, sie zu verbergen.

Luisas Sohn war wieder gesund, er spielte wieder mit den Mädchen, und Adele saß draußen, um auf sie aufzupassen, und stopfte unterdessen die Küchentücher; doch es konnte vorkommen, daß sie die Kinder aus den Augen verlor, dann trat sie, das Küchentuch noch in der Hand, ins Haus, um ihr Bescheid zu sagen. Sie ging dann hinaus und begann zu rufen, während sie zu dem Wildbach hinunterstieg, quer durchs Gebüsch, das am Felsenufer entlang wuchs. So war es gekommen, daß sie einmal Luisa und Walter Palmaran im Gras hatte liegen sehen, eigentlich hatte sie nur ihn liegen sehen, denn Luisa hatte sich sofort aufgesetzt. Es war eine kleine Lichtung voller Sonne, und Walter Palmaran lag mit bloßem Oberkörper da. Sein Brustkorb war mager, unbehaart, fast wie der Brustkorb eines Jungen, hatte sie gedacht; und unsicher war sie am Rande der Lichtung stehengeblieben: »Ich war auf der Suche nach den Mädchen...« hatte sie mit naivem Lächeln gesagt und war sich mit der Hand durchs Haar gefahren. Walter Palmaran hatte sich auf den Ellbogen aufgestützt und ihr Lächeln erwidert, als sei es das Natürlichste von der Welt, daß er dort mit Luisa lag. »Warum setzen Sie sich nicht ein wenig zu uns«, hatte er gesagt, »es ist so ein schöner Tag...« Tatsächlich leuchtete der Himmel jenseits der Baumwipfel tiefblau, und dort auf dem Gras war es warm, lichte Wärme stieg von der Erde auf, und niemals hatten seine Augen einen so ironischen und zugleich zärtlichen Ausdruck gehabt. Luisa hielt das Gesicht gesenkt, sie hatte sich beim Schließen der Bluse in der Eile verknöpft, und die wallenden Haare fielen ihr ins Gesicht. Ihr Mund zitterte, weich, wie manche Korallen, wenn sich ein Fremdkörper nähert.

Später, als sie zu ihrer *Collage* zurückgekehrt war, hatte sie Walter Palmarans Stimme im Eingang gehört. Sie hatte sich nicht gerührt, und er war an den Tisch gekommen, um zu schauen, was sie machte, das hagere Gesicht hatte sich ernst über ihre Schulter gebeugt. Sie hatte die Augen gehoben, und ihr Blick war auf seine Lippen gefallen. Es war nichts besonderes an ihnen, es waren schmale, rissige Lippen. Dennoch hatte sie den Blick wieder senken müssen, so heftig war das Begehren, die Hände auf dem Tisch waren wie gelähmt. »Ihre *Collagen*«, hatte er gesagt, »haben immer etwas Schmerzliches, als wären die Blumen mit Gewalt aus der Erde gerissen worden.« Wortlos hatte sie daraufhin eine Heckenrose ausgewählt und auf die Mitte des Blattes gelegt. Walter Palmarans Finger hatten begonnen, die auf dem Tisch verstreuten Blütenblätter zu verschieben und neue Kombinationen auszuprobieren. Der Tag neigte sich dem Ende zu, und die letzte Sonne schien auf die Begonien im Fenster, fiel auf den Tisch, sie hatte ihre Ruhe wiedergefunden und strich nun den Klebstoff auf das Blatt, Walter Palmarans Arm machte ihr Schatten, und sie hatte ihn mit einer ganz leichten Berührung beiseite geschoben. Dieser Arm mit den starken Adern erinnerte sie an bestimmte Bäume, an Birken, Pappeln, Bäume mit schmalen, kräftigen Stämmen. »Morgen muß ich abfahren«, hatte Walter Palmaran gesagt, »meine Mutter ist sehr krank... Und außerdem hätte ich sowieso zurückgemußt.«

»Luisa wird verzweifelt sein«, hatte sie gemurmelt, während sie die Heckenrose mit leichtem Daumendruck festklebte, ohne den Blick zu heben.

»Ich bin auch verzweifelt.« (Eines Tages sollte er an die violette Blüte zurückdenken: Was hatte sie zu bedeuten gehabt, Liebe, Leid oder einfach Langeweile?) Er hatte sich, die Hände in den Taschen, vors Fenster gestellt und sah zu, wie die Schatten auf dem Rasen länger wurden. »Es war alles sehr schön«, hatte er hinzugefügt, »auch Ihnen zu begegnen war schön.«

Sie hatten geschwiegen, und ihr war durch den Kopf gegangen, daß ihr jetziges Leiden nichts war im Vergleich dazu, wie sie leiden würde, wenn Walter Palmaran abgereist war. Und der erste Abend war ihr wieder eingefallen, als er oben in dem Zimmer am Ende der Treppe geschlafen und sie, als er schon im Bett lag, gerufen hatte, damit sie ihm die Fensterläden schlösse. (*Machen Sie sie fest zu, fest,* hatte er zu ihr gesagt.) Etwas Unwiderstehliches hatte dieses vertrauliche Verhalten an sich gehabt, und zugleich etwas absurd Autoritäres, als wäre alles möglich und alles schon geschehen.

Walter Palmaran hatte sich umgedreht, der Finger hatte die Umrisse der Collage gestreift. »Eine wunderbare Frau«, hatte er gesagt, »nicht leicht zu vergessen...«

Sie wußte, daß er von Luisa gesprochen hatte.

Sie hatte ihn nicht wiedergesehen. *Nein, Herr, der Wagen nicht,/ es ist ein Band von meinem Herzen...* hatten die Mädchen noch eine Weile geträllert. Dann schienen sie von einem Tag auf den anderen alles vergessen zu haben, die Aufführung und Walter Palmaran, und als nach einem Gewitter, das heftiger war als die anderen, plötzliche Kälte über das Tal hereingebrochen war, hatte sie eiligst die Koffer vom Dachboden herunterholen lassen und befohlen, die Wasserrohre zu leeren, damit sie im Winter nicht einfroren.

Es geschah erst in Wien, im September '39. Sie hatte ihn sogleich erkannt, als er aus einem Geschäft in der Kärntnerstraße herauskam. »Schau«, hatte sie zu ihrem Mann gesagt, »da ist Walter Palmaran«, und dabei befürchtet, er verschwände gleich wieder, geschluckt von der Menge, die um diese Zeit die Kärntnerstraße bevölkerte. Im Dom war gerade ein Gottesdienst zu

Ende gegangen, und ganze Familien strömten aus den Seitenportalen und überschwemmten die Gehsteige. Sie war vorausgegangen, um ihn noch zu erreichen, und hatte ihm die Hand auf den Arm gelegt. Einen Augenblick lang schien er sie nicht zu erkennen. »Nun, erinnern Sie sich nicht mehr an mich?« hatte sie lächelnd gefragt. »O doch, natürlich! ...« Er hatte ihr die Hand gedrückt, die unsicher auf seinem Arm liegengeblieben war. »Ich schaute gerade die Auslage an, haben Sie je schönere Kuchen gesehen?« Es war, als hätte er sie tags zuvor zum letzten Mal gesehen, und jetzt lächelte er über ihre Bestürzung wegen des Fehlens jeglicher Einleitung. »Sie haben sich nicht verändert«, hatte er hinzugefügt.

»Sie auch nicht.« Es stimmte, nur sein Gesicht war noch hagerer, falls das möglich war, und außerdem trug er einen Hut. Sie hatte ihn nie mit Hut gesehen.

Abends hatte Walter Palmaran sie in ein Restaurant am Michaelerplatz zum Essen eingeladen, und ihr Mann hatte die meiste Zeit geschwiegen. Auch als Walter Palmaran über Musik gesprochen hatte, hatte er sich auf ein rein formales Zuhören beschränkt. Keiner war auf den Sommer vor drei Jahren zurückgekommen, und keiner hatte Luisa erwähnt. Auch von dem, was in den letzten drei Jahren geschehen war, hatten sie kaum gesprochen, denn jedesmal, wenn sie davon anfangen wollte, hatte Walter Palmaran sie sogleich unterbrochen. Erst als die in der Sauce schwimmende Ente auf den Tisch kam und sie sagte: »Man möchte nicht glauben, daß hier Krieg ist«, hatte Walter Palmaran sie angesehen, als wollte er herausfinden, was sie wirklich mit diesen Worten meinte. »Ich bin auch einberufen worden«, hatte er dann langsam gesagt,

»aber bis heute ist es mir gelungen, jede Uniform zu meiden«, und in den Augen war ein Lächeln gewesen: Erinnerte er sich noch daran, wie damals auf dem Platz vor dem Hotel Engel das Dorffest stattgefunden und er sich geweigert hatte, etwas anderes als seinen Pullover und seine alten Kniebundhosen anzuziehen?

Auf den Tischen standen kleine Lampen mit roten Schirmen, und ihr Mann hatte unvermittelt gesagt, das Lokal gleiche einem Bordell. *Einem Bordell*, hatte er mit rauher Stimme wiederholt, und es war so, als sei all seine in jenen Jahren gegen Walter Palmaran gehegte Abneigung plötzlich zum Ausbruch gekommen und habe nun bis ins kleinste von ihm Besitz ergriffen, von den Füßen in den schönen glänzenden Schuhen bis zu den blassen Wangen, bis zu den feinen, hellen, mit Brillantine am Kopf festgeklebten Haaren.

Am nächsten Tag hatte Walter Palmaran sie nach Schönbrunn begleitet. Es war strahlendes Wetter, und Goldstaub schien sich über die Stadt gelegt zu haben, rasch glitten die Straßenbahnen auf den Gleisen dahin und klingelten laut an den Kreuzungen. Sie waren im Wind gegangen, der gelbe Blätter auf die Erde regnen ließ und aufs Wasser trug, wo sie leise schaukelten. Ihr Mann war immer unleidlicher geworden, während er mit seinem langen wehenden Mantel vorausging; aber noch niemand hatte bisher Luisa erwähnt. Walter Palmaran hatte eine Kodak bei sich und hatte sie, auf einem Brunnenrand sitzend, fotografiert, und dann, weiter vorn, zwischen den Säulen der Gloriette. Jetzt bin ich glücklich, hatte sie gedacht, als sie wieder weitergegangen waren auf den Kieswegen und die Sonne aus den Bäumen überzufließen schien, um sich im Wasser der Brunnenbecken zu brechen. Aber dieses

Wort hatte nun einen seltsamen Sinn, es war ein begrenztes Wort, ohne Erinnerung. Ein Wort, bei dem die Träume keine Durchsichtigkeit besaßen. Es war gewiß nicht das Glück, das wie ein Licht aus Luisas Augen gestrahlt hatte, aus ihrer Stimme, ihrer Haut. Sogar aus ihrer Art zu gehen oder die Dinge anzufassen.

Ihr Mann schichtete sorgsam die Seidenhemden in den Koffer, der geöffnet auf dem Bett lag, sie sah durch die Erkerfenster unten auf der Straße die Leute rasch dahingehen, vor dem Palais gegenüber flatterten riesige Fahnen, rot, mit dem Hakenkreuz. Wellig und weich bauschten sie sich im Sonnenwind. »Ich dachte, Walter Palmaran sei Italiener«, hatte sie zu ihrem Mann gesagt, »und hätte sich für Italien entschieden, als es darum gegangen war, zu wählen.«

»Ach der! ... Er schien so erbittert gegen Hitler zu sein, aber sowie du diese Leute bei ihrem Nationalgefühl packst, verlieren sie den Verstand!«

Ihr Mann hatte »diese Leute« mit verächtlichem Lächeln gesagt, und vielleicht freute er sich jetzt, daß Walter Palmaran gezwungen war, in den Krieg zu gehen. Es kam ihr nun so vor, als empfänden die Leute auf der Straße das gleiche Gefühl von Bedrückung, das sie in dem Zimmer mit den im Halbdunkel glitzernden Spiegeln empfand: Sie gingen wie von heimlicher Raserei getrieben, und die Schuhe zertraten auf der Erde die herabgefallenen Blätter, niemand hob kurz die Augen zu den Bäumen auf oder blieb stehen, um die Amseln zu beobachten, die mit gelben Schnäbeln zwischen den Beeten herumhüpften. Nicht einmal die Kinder schienen sich umzusehen, die Hände fest in denen der Erwachsenen. Auch die Mädchen ohne Hut, mit kurzen Haaren nicht. Aber alle sind frei, hatte sie gedacht, es steht ihnen frei, durch die Stadt zu gehen, über die Brücken, bis zur Kärntnerstraße. Zurückzukehren zum Michaelerplatz.

»Du hast also wieder eine fertig?« Ihr Mann beugte sich über den Tisch, wo die getrockneten Blumen aufgehäuft lagen, als hätte ein Orkan sie fortgerissen und miteinander vermengt. Sie hatte den Kopf gehoben und ihm beruhigend zugelächelt: Ihre blonde unwandelbare Schönheit brachte wieder Ordnung in die Gedanken.

Es war schon kalt. Ihr Mann bückte sich und blies auf das Papier, um das Feuer im Ofen anzufachen. Manchmal (aber selten) kam noch jemand bei der Ardita vorbei, um das futuristische Dach zu bewundern (*Im Einklang mit den Zeiten,* hatte ein Herr mit Hahnenfeder auf dem Hut gesagt). Aber die meisten Sommerfrischler waren schon abgereist, und die Straße blieb stundenlang menschenleer, nur Kühe kamen auf dem Heimweg von der Weide vorbei, begleitet vom trägen Geläute ihrer Glocken.

Walter Palmaran war zurückgekehrt. Mit seinem langen, ironischen Gesicht war er am hölzernen Gartentor erschienen, und die Mädchen hatten ihn nicht wiedererkannt. Unsicher hatten sie ihn angesehen: Sie waren gewachsen und trugen Zöpfe, die Knie standen knochig unter den zu kurzen Kleidern hervor. »Solltet ihr mich wirklich vergessen haben?« hatte er gefragt, als er ihnen die kalten, schmalen Hände schüttelte. Sie hatten die Schultern hochgezogen und waren beiseite getreten, um ihn vorbeizulassen.

Der Tee stand auf dem Tisch vor dem Sofa bereit, und sie hatte gesagt, wie schön, daß Sie wieder da sind, ich wagte es nicht zu hoffen, ich glaubte, sie hätten gescherzt in Wien, schade, daß das Wetter so schlecht ist, und die Sätze waren hastig über ihre Lippen gekommen, während er sie ruhig angesehen und darauf gewartet hatte, daß sie ihm den Tee eingösse. Doch als sie aufgestanden war, um die Nadel auf die Platte mit dem Vorspiel von *Rheingold* zu setzen, hatte er sich mit einem Ruck umgedreht: »Stell diese Musik ab«, hatte er gesagt. »Bitte.«

Er hatte sie geduzt, und sie war rot geworden. »Die Musik ist deine Arbeit, du kannst doch Wagner nicht einfach ausradieren«, es fiel ihr leicht, ihn auch zu duzen.

»Dergleichen würde mir nie einfallen. Aber ich beschäftige mich jetzt mit Chormusik, ich meinte, als hätte ich es dir in Wien erzählt«, er sah zu, wie sie, am Fenster stehend, den Arm des Grammophons hob, *»Preise, Jerusalem, den Herren* ... Das ist Reineccius.« Er hatte gelächelt: »Ich bin recht unmodisch geworden inzwischen.«

»Also bist du zurückgefallen?«

»Das kommt auf den Standpunkt an. Ich glaube, daß ich weitergekommen bin.«

Sie betrachtete seine Hände, die regungslos auf den Knien lagen, es waren die Hände, die Luisa gestreichelt, sie eng umschlungen hatten. Alle wußten es. »Bleibst du lange?« hatte sie gefragt, und ihre Stimme klang belegt.

»Solange man mich in Frieden läßt.« Seine Stimme dagegen klang leicht, als hätte er die Atmosphäre, die allmählich schwierig wurde, entschärfen wollen. Dort draußen war die Wiese, wo er Luisa zum erstenmal gesehen hatte (*Wollen Sie ein Stück Blaubeerkuchen?* Ein Stück Blaubeerkuchen? Ja, ein Stück Blaubeerkuchen...), hier im Zimmer hatte sie, mit dem Gesicht im Schatten, im Sessel gesessen, ihre schmalen Finger mit der feinen braunen Haut hatten den Stoff der Armlehnen zerknittert, die etwas schleppende Stimme hatte das Vorspiel von *Rheingold* übertönt (*Weia! Waga! Woge, du Welle! Walle zur Wiege!...*). »Deine Töchter haben sich verändert«, hatte Walter Palmaran gesagt, »schade, sie waren so schön.«

»Sie werden wieder schön«, hatte sie geantwortet.

»Und du«, hatte er gefragt, »warst du weiterhin eine treue Ehefrau?«

Sie hatte den Blick schweifen lassen, als gelte es, die Antwort zwischen den Möbeln, bei den dunklen Wänden aus slawonischer Eiche zu finden. »Ja, ich war weiterhin eine treue Ehefrau«, hatte sie dann gesagt, hatte seine Hände genommen und sie an ihr Gesicht gelegt. Walter Palmarans Finger waren zu ihren Schläfen hinaufgeglitten, hatten über ihre Augen gestrichen, waren in die Haare eingedrungen, aber sie hatte sich langsam zurückgezogen, und die Hände waren wieder herabgefallen. »Du dagegen«, hatte Walter Palmaran gesagt, »bist noch schöner geworden«, aber es war, als hätte er den Satz nicht beendet, als hätte er noch etwas hinzufügen wollen. Dann war er aufgestanden, hatte den Tee, auf dem rund eine Zitronenscheibe schwamm, kalt werden lassen. Und die Mädchen waren in der Tür erschienen.

Sie hielten sich an der Hand, und die Zöpfe lagen wie Rattenschwänzchen auf der nicht vorhandenen Brust. »Du bist also der vom Froschkönig?« hatten sie gefragt. Neugierig, fast erschrocken betrachteten sie ihn.

»Ja, der bin ich, genau der ... *Nein, Herr, der Wagen nicht,/ es ist ein Band von meinem Herzen,/ das da lag in großen Schmerzen,/ als Ihr in dem Brunnen saßt,/ als Ihr eine Fretsche wart.«* Walter Palmaran hatte sich verbeugt und so getan, als nehme er einen imaginären Hut ab. Er lachte. Das Lachen war genau wie vor drei Jahren, trocken, explosiv, entweihend. Und die Mädchen hatten angefangen zu klatschen. Ihre Augen leuchteten.

Damals, als die *Sache* mit Luisa passiert war (*Meningite da streptococco,* hatte Doktor Pitscheider in seinem schlechten Italienisch gesagt, *fate attenzione ai bambini*) und die Trauer sich wie Tinte über die Wiesen gebreitet hatte, bis sie schließlich einer Schlange gleich langsam die Straße zur Kirche hinaufgekrochen war, hatten die Mädchen nichts mehr hören wollen vom Froschkönig. Und war jemand darauf zu sprechen gekommen, hatten sie den Blick abgewandt und ins Leere fallen lassen, wie von einer plötzlichen Langeweile erfaßt. Jene Leere, jene Abwesenheit, die Erwachsene so irritiert. Oder sie waren davongelaufen, plötzlich abgelenkt durch irgend etwas. *Mit der angeborenen Grausamkeit der Kinder.*

Übersetzt von Maja Pflug

Rosetta Loy
Das Mädchen für einen Sommer

»Los, komm runter, das Essen ist fertig.« Das Wasser gluckert durch das außen verlaufende Abflußrohr, das ist die Mama, die sich die Hände wäscht.

»Pia, probier mal, mich aufzufangen.« Luigi läßt sich mit den Armen vom Ast herunterfallen und streift fast ihren Kopf.

»Mach keinen Blödsinn, du bist doch viel zu schwer.«

»Also, was hast du beschlossen, fährst du heute nachmittag?«

Pia dreht sich um und schaut ihn an: ja, ja, ich fahre... Abstehende Ohren hat Pietro und ein blaues Hemd, auf das sich eine Wespe gesetzt hat, Wespen und Insekten setzen sich auf ihn, stechen ihn, ohne daß er es merkt: »Paß auf, da«, sagte sie zu ihm.

Pietro senkt den Blick auf das Hemd. »Nimm sie weg!« bittet er. Schwerfällig rutscht Luigi vom Nußbaum herunter, voller Groll auf den Bruder, auf die Wespe, die Pia so sorgsam verjagt. Das Fahrrad kreist um das Beet mit *Salvia splendens*, feuerrote gerade Ähren, ein klein wenig papieren, der karierte Kittel weitet sich und bläht sich. »Elsa, das Essen ist fertig, das gilt auch für dich!« Das Fahrrad kommt mit einem quietschenden Bremsgeräusch zum Halten, die Füße auf dem Boden schleifen im Kies: Schuhe mit Lederzunge und Staub, Staub.

Früher war es eine Freude, sie anzusehen, immer sauber und gesammelt bei ihren Spielen, die Mama steht in der Haustür und wartet geduldig. »Und die Hände?« fragt sie. Wozu hält sie extra ein Mädchen für die Kinder, wenn es ihr noch nicht einmal gelingt, die Kleinen ordentlich zu Tisch zu schicken?

Der Gong ertönt zum zweiten Mal, Pietro schaut Pia zu, wie sie sich bückt, um eine letzte Nuß aufzusammeln, eine Unart, alle tun sie nichts als Walnüsse essen, kaum merklich zittert das Fleisch unter dem leichten rutschigen Stoff von leuchtendem Korallenrosa. »Was machst du denn, du Schwein!« sagt Silvia. Pietro lacht, schauen schadet nicht, es ist die reine Freude. Doch Pia hat sich aufgerichtet und blickt ihn an, ihre Augenbrauen bilden mit der Stirn eine einzige Runzel. Gott, was für ein Blick! Tiefe, stürmische Augen, sogar ihre etwas fahle Farbe erinnert an Unwetter.

Luigi ist am Boden unter dem Baum angekommen, seine Hände sind ganz braun, so viele Walnüsse hat er aus ihrer grünen Hülle befreit. »So kannst du doch nicht zu Tisch gehen«, sagt Pia, »lauf wenigstens und kämm dich.« Sie kennt ihre Pflicht, morgen wird sie ein anderes Kleid anziehen, sie verträgt einfach keine Mieder. Nichts erträgt ihr Körper, der für Licht, Luft und Laufen gemacht ist: Zweite im Achtzigmeterhürdenlauf und Dritte beim Zweihundertmeterlauf im regionalen Sportwettkampf der Faschistischen Jugend.

Aber in diesem Haus spielt der Sport überhaupt keine Rolle. Nichts kennen oder betreiben sie hier, wenn man das Fahrradfahren und den Giro d'Italia einmal ausnimmt. Nicht einmal Fußball. *Football* sagen sie immer noch dazu und wissen kaum, wer Gabetto ist. Man kommt sich vor wie im Exil.

»Pia, würdest du mir den Kamm holen?« Luigis Trikothemd ist schmutzig, man weiß nicht recht, wovon, Erde, Bäume, vielleicht sogar Eidechsen, die an ihm entlangstreifen.

»Kommt nicht in Frage! Mach, daß du hinaufkommst«, zum Spaß gibt sie ihm eine Kopfnuß, lustlos, mit verschwitzten Haaren, steigt er die Treppe hinauf.

»Was machst du denn da noch ganz verdreckt?« Der Vater kommt gerade aus seinem Arbeitszimmer, er trägt eine Krawatte mit hellgrünen Punkten und hat einen feinen grauen Schnauzbart. Luigi zuckt die Schultern, hat Pia nicht verstanden, daß er einen Liebesbeweis von ihr wollte, einen klitzekleinen Liebesbeweis? Doch schon ist sie im Strahlenkranz ihrer Haare verschwunden, einem Licht, das immer um sie ist und mit dem Korallenrosa des Kleides um die Wette leuchtet. Im Bad küßt er ihre Zahnbürste. Er steckt sie in den Mund und saugt daran. Er betrachtet sich im Spiegel: So sehr Kind ist er gar nicht mehr, wer hat denn bestimmt, wann die Kindheit endet? Das Gesicht, das ihm entgegenblickt, ist unendlich schwermütig, die Zahnbürste fährt langsam über das Zahnfleisch, bohrt sich hinein, tut weh. Es ist ihre.

Doch sie fährt heute nach Casale, ihr Verlobter kommt auf der Durchreise zu den großen Manövern dort vorbei. »Wahrscheinlich sind sie auf dem Weg nach Susa«, sagt der Vater mit seinem Schnauzbart und einem kleinen Saucenspritzer auf der Krawatte freundlich, gleichgültig ist er gegenüber schönen jungen Mädchen, gleichgültig gegenüber allem, was ein wenig zu sehr strahlt. So wie dieses Korallenrosa.

»Und wie fährst du denn nach Casale, mit dem Bus?« fragt Silvia.

»Mit dem Fahrrad, Pietro leiht mir seines.« Doch sofort ist sie rot geworden. Ein leichtes Flattern der Augenlider, das Innehalten der Gabel kurz vor dem Mund. »Ist das nicht ein Herrenrad?« fragt die Mutter. Vielleicht ist es unbedacht, daß Pietro ihr sein Fahrrad leiht: schon so viel Vertraulichkeit?

»Ein sportliches Mädchen wie sie hat da bestimmt keine Probleme.« Pietro sitzt am anderen Ende des Tisches, doch oft kreuzt sein Blick den ihren. »Wie lange hat der Zug Aufenthalt?« fragt er Pia. »Werdet ihr Zeit genug haben, um ins Kino zu gehen?«

»Ins Kino? Das glaube ich kaum.«

»Manchmal stellst du wirklich blöde Fragen, Pietro«, sagt der Vater. Der Junge gleicht ihm überhaupt nicht. Er kann einfach nie ernst sein. Der Kleine ist zum Glück vielversprechender; instinktiv lächelt er Luigi zu, der zusammengesunken auf seinem Stuhl sitzt, die noch verschwitzten Haare rasch mit der Bürste an den Kopf geklatscht.

Aber Pietro weiß sehr wohl, was er mit Kino meint. Sich in irgendeine dunkle Ecke verziehen, Küsse und so weiter auf den Klappsitzen in einem Filmtheater in Casale, das an einem solchen Sommernachmittag menschenleer ist. Pia nimmt sich vom Hauptgericht und achtet darauf, daß sie das Besteck ordentlich auf die Platte zurücklegt. »Ich glaube, daß wir nicht einmal Zeit haben werden, den Bahnhof zu verlassen«, sagt sie und senkt den Kopf, die vollen Haare umgeben im Gegenlicht wie ein blonder Heiligenschein ihr Gesicht, das Gesicht eines Konradin von Schwaben.

»Fährst du allein?« Luigi macht einen schwachen Versuch, »ich könnte dich begleiten…« Eine Stimme voller Brot. Doch manchmal zeigen sich Unzugänglichkeiten so unmittelbar, daß sie beinahe Gerüchen gleichen, die vom Körper plötzlich ausgeschwitzt und verströmt werden. Wenn er nun die Augen höbe, sähe er sie intensiv mit ihrem Kotelett beschäftigt, die blonden Wimpern einem Eisrand gleich, der den Blick säumt.

»Wenn du in Casale bist«, sagt die Mutter, »vergiß nicht, den Dom anzuschauen.« Man weiß nie, nach welchen Gesichtspunkten man diese Mädchen auswählen soll, wenn sie häßlich oder alt sind, lehnen die Kinder sie ab, wenn sie auch nur ein bißchen hübsch sind, werden die, die nun eigentlich erwachsen sein sollten, gleich wieder so kindisch. Diese hier war ihr außerdem gar nicht besonders hübsch erschienen, einfach ein kerngesundes und sportliches Mädchen. Vielleicht besteht der Fehler genau darin, im Sport. *La camaraderie.*

»Den Dom? Ist er schön?« Pias Blick hellt sich auf, sie hat zu laut gesprochen und ist wieder rot geworden.

»Außer daß er schön ist, ist er auch eines der seltenen Beispiele für langobardische Gotik im Piemont«, sagt der Vater. Pia nickt ernst; die Unwissenheit liegt wie strahlende Morgenröte auf ihrem Gesicht, eine Erwartung voller Vögel. Woher nur kommt diese makellose Frucht, dieser pfirsichfarbene Granatapfel?

Silvia liegt im Gras und mordet Ameisen, sie läßt sie das Bein hinaufkrabbeln und nimmt sie dann unerwartet zwischen zwei Finger und zerquetscht sie. Elsa blättert in ihrem Lieblingsbuch und hebt ab und zu die Augen, um nachzusehen, ob Pia noch da ist. Sie liebt Pia mit einer ruhigen, glücklichen Liebe, und wenn sie sie umarmt, ist es, als spüre sie ihren zähen Körper sich innerlich bewegen, als wüchse in ihr unaufhaltsam ein

Baum. Ein Baum voller Blätter und runder Früchte. Sie liebt sie viel mehr als Dorotea Bo, und auch viel mehr als die Gruber oder die Giovanna. Manchmal, wenn Pia aus Spaß hinter ihr herläuft und elastisch losschnellt wie eine Katze oder ein Fuchs, bekommt sie Angst und kreischt, aber dann, wenn Pias Hände nach ihr greifen und ihr fast den Kittel zerreißen, stößt sie einen Freudenschrei aus. Pias Arme drücken sie, sie fühlt das Lachen in ihr gluckern.

Pia sitzt unter dem Nußbaum, die Hände spielen träge mit den aufgeknackten Schalen, sie läßt sie fallen, hebt sie wieder auf, es ist heiß, der Kirchturm schlägt die Stunde, die Schläge dringen ins Gehirn und durchziehen es wie Pfade in einem fühllosen Dschungel: Es ist drei, der Transport fährt gerade von Tortona ab, ich gehe wohl besser hinauf und wasche mich unter den Achseln. Pietro steht hinter dem Stuhl und legt ihr die Hände auf die Schultern; und wie absichtslos verwikkeln sich seine Finger in ihren kräftigen, dicken Haaren, die ein unmerklicher Wind bewegt. Eine Meeresbrise wohnt in jenen Haaren und bläst gewiß, wenn sie schläft, dem Dickicht auf der Kopfhaut ein zartes Leben ein. »Paß auf die Lastwagen auf«, sagt er zu ihr, »die Bremsen sind nicht besonders ... Aber den Dom kannst du auch sausenlassen.«

»Aber nein, da geh ich ganz bestimmt hin«, sie sieht ihn von unten her an, aufmerksam, es besteht kein Zweifel, sie wird den Dom besichtigen, und wenn sie mitsamt dem Fahrrad hinein müßte. Die Schultern unter Pietros Fingern werden hart, und durch den Stoff wird fast etwas wie Schmerz spürbar. Ein zu tiefer Atemzug, der ihr in der Kehle steckenbleibt. Pietro überläuft ein Schauder, Gott, sie auf diese Haare küssen, auf die Stirn und die durchsichtigen Augenlider, und dann weiter unten auf den Hals, wo jener Seufzer zittert, der nicht den Mut hat, herauszukommen. Ihr Verlobter wird das gewiß in einem verborgenen Winkel des Bahnhofs tun, jederzeit bereit, sich aus der Umarmung zu lösen, sobald sich Schritte nähern.

»Könntest du mir in Casale nicht ›L'Intrepido‹ kaufen?« Zu laut, fast kreischend tönt Luigis Stimme von der Bank herüber.

»Wenn das Heft am Kiosk zu haben ist, bestimmt.« Sie sieht ihn überhaupt nicht, so beschäftigt ist sie mit jenen Händen auf ihren Schultern.

»Und mir das Mickymausheft«, sagt Elsa.

»Silvia, willst du nichts?«

»Nein, danke.« Auf einen Ellbogen gestützt, schaut Silvia sie an, wie sie im Gras unter dem Nußbaum sitzt, es gelingt ihr nicht, ein Gefühl der Freundschaft für dieses Mädchen zu empfinden, das für den Sommer gekommen ist, wie es bei Dorotea Bo oder bei der Giovanna gewesen ist. Und abends, wenn Pia sich manchmal über sie beugt, um ihr Gute Nacht zu wünschen, und sie in dem Ausschnitt ihres Nachthemds ihre runden, unerschrockenen Brüste sieht, die so anders sind als die unbewegten Brüste der Statuen, preßt sie die Lippen aufeinander. Eine instinktive Abneigung oder vielleicht nur Eifersucht wegen der liebevollen Fleischlichkeit, die von ihr ausgeht. »Nichts«, wiederholt sie, und der tadelnde Blick wandert zu jenem unvorsichtigen größeren Bruder, der so leicht zu begeistern ist. Es ist heiß, und der Schatten des Nußbaumes ist gefährlich, er kann Alpträume und Ängste verursachen.

Pia ist in Casale gewesen, hat den »Intrepido« und das Mickymausheft gekauft, ist auf den von Lastwagen befahrenen Straßen entlanggeradelt und hat dabei den Rock auf den Knien festgehalten (warum hat sie nur das korallenfarbene Kleid ausgezogen?), sie hat den Transport in den Bahnhof einfahren sehen, die Soldaten standen alle am Fenster, die Gesichter blaß im Rauch. Auch Giannis Gesicht ist blaß. Sie haben ihm die Haare sehr kurz geschnitten, und er hat sofort nachgeschaut, ob sie seinen Ring am Finger trug. Pia hat gelacht, wegen seiner Haare (*Den Ring steck ich mir nicht an, weil ich Angst habe, ihn zu verlieren*, hat sie gesagt. Sofort die erste Lüge.) Dann hat sie sich ein wenig widerspenstig jeder Liebkosung entzogen, während die Soldaten im Nu den Bahnsteig, die Unterführung, das Bahnhofsrestaurant und den Wartesaal dritter Klasse überschwemmten. »Ich habe eine Stunde Zeit«, hatte Gianni gesagt und mit den Augen unter dem Militärschiffchen fröhlich die ihren gesucht, davon überzeugt, seine Wünsche seien auch ihre. Ein kleiner Stich im Hals, die Stimme kommt zu rasch heraus: »Dann können wir ja den Dom besichtigen.« Gianni lächelt etwas verwirrt, angetrockneter Speichel klebt ihm in den Mundwinkeln, die Lippen sind von der Reise aufgesprungen, die ganze Nacht ist er auf Holzbänken herumgeschüttelt worden, die geschwollenen Füße in Nagelschuhen. Sein Vater hat eine Schreinerei an der Straße, auf der sie jeden Morgen vorbeikam, um in die Schule zu gehen, und manchmal stahl sie einen Apfel, dann lief sie davon mit ihrem kniekurzen Mantel. Jahrelang hat er sie gehaßt wegen jener Äpfel, die sie im Schulranzen versteckte, denn anschließend schrie sie immer, es ist nicht wahr, ich habe nichts genommen, und warf Steine nach ihm. »Was machst du denn mit einem Herrenrad?« fragt er sie. »Es war das einzige, das ich auftreiben konnte.« Sie berührt die Knöpfe an seiner Jacke und lächelt ihm zu. »Mut hast du, das steht fest«, sagte er zu ihr, aber er ist ein wenig erschrocken, ist das nicht doch zuviel für ein so junges Mädchen in einer fremden Stadt?

Sie sind hinausgegangen, und auch der Bahnhofsplatz war voller Soldaten. Gegenüber gab es Anlagen mit Bänken unter den Platanen. »Wo ist der Dom?« hatte Gianni gefragt, indem er aufs Fahrrad stieg. Ein paar Mädchen näherten sich, die einander untergehakt hielten, die Puffärmelchen gebauscht; in dem Augenblick hatte sie ihn gesehen: Pietro stand am Kiosk, die Hände in den Taschen, und schaute sie an. Er hat ein anderes Hemd angezogen, war ihr erster Gedanke, heute früh trug er ein blaues. Aber als sie sich vorn auf die Stange setzte, konnten ihre Hände den Lenker kaum festhalten vor Aufregung. »Wohin müssen wir fahren?« hatte Gianni gefragt. »Dorthin«, hatte sie erwidert und irgendwohin gezeigt.

Als sie im Dom die Treppe hinaufgestiegen waren, um die Empore zu besichtigen, hatte Gianni sie geküßt. Sie hatte bereitwillig geantwortet, wie ein eifriges kleines Mädchen, und dabei versucht, sich auf den Steinstufen im Gleichgewicht zu halten. Vom Dom selbst hatten sie wenig gesehen. »Wunderschön, wunderschön«, hatte Gianni gesagt und den Kopf ganz woanders hingedreht, während sie ihn an der Hand durch das grünschimmernde Licht des Kirchenschiffes führte, das einem Teich glich mit wenigen Fischen, regungslos auf dem Grund. Die Stunde war fast herum, und sie waren immer noch in der Kirche, sie hatte sich jedesmal, wenn sich die Tür hinter ihnen öffnete, umgewandt, um zu sehen, wer eintrat. Doch Pietro war ihnen nicht gefolgt; vielleicht stand er noch vor dem Kiosk, die Hände in den Taschen, und wartete.

Aber er war auch nicht mehr auf dem Platz, der Zug fuhr schon an, und Gianni konnte die Hände gar nicht vom Fahrrad nehmen und sich von ihr losreißen: Er würde sie nie wiedersehen. Kein Zug würde je wieder weit genug fahren, um sie zu erreichen. Auch die Postkarten würden unbeantwortet bleiben, und jener lange Brief, den er mit soviel Verzweiflung schreiben würde, käme zurück, Annahme verweigert. Verfluchter Nachmittag, Schwalben, die schon tief über den Bahnhofsplatz flogen, Lichter, die über den hellgelben Putz streiften, über die runde Uhr, die sieben zeigt; sie steht gerade da mit ihren vollen, soliden Beinen, die ein klein wenig gedrungen sind in den Söckchen und den Schuhen mit zweifingerhohem Absatz. Zeitungen sind aufgehängt mit Fotos vom König, von Hitler und Mussolini, von Prinzessin Irene, die in Florenz heiratet. Verfluchtes niederträchtiges Mädchen, der Verrat steht schon in ihren Augen, kriecht wie ein leuchtendes Reptil über ihr Gesicht, während die Haare sich bauschen, das Spinnennetz weben, in dem er sich verfängt und verblutet. »Bei meinem ersten Urlaub heiraten wir.« Es war nur ein Augenblick, sie starrt ins Leere, während er sie an sich drückt, Mitleid im flüchtigen Lächeln, während die Hand mit gespreizten Fingern gegen seine Brust drückt, um ihn wegzuschieben: »Geh, gleich fährt er los.« Noch von weitem winkt sie ihm nach, das Fahrrad in der Hand, die weiße Baumwollbluse hat einen Schweißrand unter der Achsel.

Und wenn alles plötzlich verschwunden wäre? Das Haus eine leere Schale, wo die Pflaumen auf dem Boden verfaulen und das Efeu sich an die Garagentür klammert? Während der Transport abfuhr, redeten die am Bahnhof zurückgebliebenen Leute von Krieg. Es wird kein zweites München geben, sagten sie. Nun herrscht eine große Stille, während Pia die Allee hinauffährt, und nicht einmal die Fledermäuse flattern kreuz und quer durch die grünblaue Luft, eine durchsichtige Stille, in der das leichte Surren des Dynamos gegen den Fahrradreifen zu hören ist und die Astern sich wie kleine weiße Sterne von der grauen Mauer des Hauses abheben. Ein Gefühl von Unwirklichkeit an diesem Abend, an dem alles geschehen oder schon geschehen sein kann und sie allein noch übrig ist, freischwebend in der lauen Augustluft. Sie allein. Ein Schatten steht still zwischen den vom Kupfervitriol bläulichen Pfeilern der Pergola, ein Schatten mit großen erschlafften Schmetterlingsflügeln auf dem Kopf. »Pia, bist du's?« Das Fahrrad bremst schlagartig. »Elsa, was machst du denn noch hier, geh schon ins Bad hinauf, ich komme gleich nach«, sagt sie zu ihr. Die Kleine läßt eine Pflaume auf die Erde fallen, Pflaumen kommen aus den Taschen ihres Kittels, die Dunkelheit hat Finger, die sich in die Nase und den Mund schieben. »Luigi hat deinen Malkasten genommen«, sagt sie zu ihr, »und alle deine Bilder verschmiert.«

»O nein, das nicht!«

Was soll dieses Nein heißen, wenn Luigi es getan hat? Elsa sieht sie an: Im Alter von sieben Jahren kann man eine geistige Klarheit besitzen, die mit zwanzig unwiederbringlich dahin ist. »Mama hat ihn ausgeschimpft, und er hat blöde Kuh zu ihr gesagt.«

»Und wo sind meine Farben jetzt?«

»Ich weiß nicht, er ist abgehauen, sowie er dich hat kommen sehen. Mama hat angefangen zu weinen.«

Schönes Resultat für ein Mädchen, das man angestellt hat, um die Kinder zu erziehen. Zum Glück trägt sie jetzt nicht mehr dieses leichtfertige Kleid. Neben dem Gartenweg öffnen die Petunien ihre farbigen Kelche, und das Zitronenkraut verströmt den Geruch der Nacht, Elsa ist trällernd ins Haus gegangen und trällert auch noch, als sie die Treppe hinaufsteigt: »Pia ist gekommen, Pia ist gekommen...«, und nun steht Pietro in der Tür und lächelt im Halbdunkel. Wenn er glaubt, er habe sie beeindruckt, daß er ihr heimlich nach Casale gefolgt ist, dann täuscht er sich, Pia geht an ihm vorbei und bewegt entschlossen die Hüften, Hüften und Hintern voller Kraft, aber auch voller Kindlichkeit. »Guten Abend«, sagt sie, forsch eintretend, »wo ist dein Bruder, dieser Gauner?«

»Keine Ahnung.«

»Ist es wahr, daß er alle meine Farben durcheinandergeworfen hat?«

»Woher soll ich das wissen... War der Dom schön?« Er schaut sie an, Ironie und Zärtlichkeit machen sich gegenseitig die ein wenig krumme Nase streitig, den großen, weichen, launischen Mund.

»Was werde ich schon gesehen haben vom Dom«, erwidert sie achselzuckend. Sie fordert ihn heraus und betrachtet sich währenddessen im Spiegel des Eingangs: Haben all die Küsse etwa eine Spur hinterlassen?

Im Haus Geruch von gerösteten Paprikaschoten, spritzender Tomatensauce mit kleinen öligen Bläschen. Mit zwanzig kann der Hunger gewaltig sein, nagend, vor allem nach einer tüchtigen Radtour; der

Schwamm fährt über Elsas Rücken, als wäre er ein Hobel, der ihr die Schulterblätter glattschleifen soll. »Was macht man mit einem Verlobten?« fragt der Kleine. »Man geht mit ihm spazieren, hält sich an der Hand«, antwortet sie.

»Glaub ihr nicht, man macht einen Haufen Schweinereien.« Luigi ist in der Badtür erschienen, mit zerrauften Haaren und bösen Augen von krankem Grün: los, versuch nur, es abzustreiten!

»Du hättest ein paar Ohrfeigen verdient, wo hast du meine Farben hingetan?«

»Sie liegen unterm Bett in deinem Zimmer.«

»Wasch dich gefälligst, siehst ja schlimmer aus als ein Schwein.«

»Das ist mir doch egal, ich komm heut sowieso nicht zum Abendessen. Ich hab blöde Kuh zur Mama gesagt«, die Stimme jubelt, ein Triumphgesang, der sich im dunklen Schlauch des Flurs verliert.

Elsa hat sich aus dem Wasser erhoben, Pia wickelt sie ins Badetuch. »Hör nicht hin, was er sagt«, flüstert sie ihr zu. Einen kleinen runden Bauchnabel, in dem sich der Talkumpuder festsetzt, hat Elsa, einen zerbrechlichen Körper, einen Körper, der aus Knorpel und Federn zu bestehen scheint, Pia beginnt, sie zu kitzeln, und Elsa lacht. »Weiter«, sagt sie, »mach weiter.« Doch nun ist das Gekitzel ein unerbittliches Crescendo, Elsa lacht immer heftiger, sie windet sich, »Hör auf, Pia«, schreit sie erschreckt, »hör auf!«

Wie lang diese Nächte schon sind, der Abend beginnt immer früher, und immer früher muß man daran denken, die Fensterläden zu schließen, die Gartenstühle hereinzustellen. Aus dem Radio im Eßzimmer kommen die Nachrichten. Sie überstürzen sich. Zu viele, und zu rasch hintereinander, auch für die Leute, die auf einen Blitzkrieg hoffen. In der sternklaren Nacht gibt es ein dumpfes Echo, wie von Meeresabgründen, seltsame Formen bewegen sich die Milchstraße hinauf, Silvia geht sicher durch die Dunkelheit, sie kennt jeden Winkel des Gartens, jeden Geruch, das kaum hörbare Rascheln der Insekten. In ihrem Herzen aber spürt sie nur Spannungen und eingemauerte Wünsche, die Hände reißen die Blätter des Zitronenkrauts ab und zerreiben sie in der Tasche, um ihren Duft zu behalten.

Die Ringe der Schaukel quietschen, auch dieses Geräusch kennt Silvia seit ihrer Geburt. »Bist du's, Pia?« fragt sie. »Ich bin's«, Pia spürt ihre Abneigung nicht, die Welle, die sich bricht und zurückrollt, sie sitzt auf der Schaukel und scharrt mit dem Fuß am Boden im Kies, als sie klein war, hatte ihr Großvater ihr ein Seil zwischen zwei Bäumen befestigt und ein Kissen daraufgelegt, damit auch sie, die Kleine, eine Schaukel hatte. Sie würde jetzt gern mit Silvia darüber sprechen, weiß aber nicht, wie sie anfangen soll. Silvia hat sich gebückt und sammelt Walnüsse. »Würdest du mir mal den Stein rübergeben«, bittet sie, dann geht sie weg, und Pia hört, wie sie eine Nuß aufklopft. Und jetzt ist ihr entfallen, wie die improvisierte Schaukel kaputtging damals, wann und warum, sie kann sich nicht mehr erinnern.

Eine Hand fährt ihr über den Hals, sie rührt sich nicht. Die Hand dürfte das nicht, das weiß sie, auch Pietro weiß es, die Finger drücken, sie schluckt langsam: Drück nur fester, ich habe keine Angst. Doch die Hand lockert sich zu einem Streicheln. In der Nacht könnten sie sich ohne Furcht anschauen: Doch sie ist in

Casale gewesen, sie kam überhaupt nicht mehr herunter von dieser dunklen Treppe, es schien, als wären sie im Nichts verschwunden, sie und der Soldat, er hätte am liebsten den Sakristan gerufen und die beiden, so mitten in der Kirche, bloßgestellt. »Warum hast du mich nicht mal angelächelt?«

»Wie sollte ich, du hast ja so getan, als siehst du mich nicht.«

»Du lügst... Ich habe dich dauernd angeschaut.«

Aber er sagt nicht die Wahrheit, er ist nur nach Casale gefahren, um anzugeben, um zu sagen: Schau, da bin ich, aus dem dort machst du dir gar nichts. Sie hat sich mit einem Ruck von der Schaukel erhoben, die Ringe ächzen und klappern. »Warum hast du ihn auf mein Fahrrad steigen lassen?« Pietros Stimme schwillt an. »Warum? Dafür hatte ich es dir bestimmt nicht geliehen!«

»Wofür dann? Damit ich mit dir drauf fahre, du spinnst wohl?« Was will er von ihr?

Die Schaukel bewegt sich noch, da entfernt Pia sich schon, der Abstand zwischen ihnen wächst. Alles wollte Pietro, nur nicht, daß sie jetzt weggeht. »Du kapierst überhaupt nichts«, schreit er ihr nach, »ich hatte mich gefreut, daß du drauf fährst!«

Lügen, Lügen. Luigi kommt unter der Pergola daher. »Pia«, ruft er, »Elsa will, daß du raufgehst und ihr Gute Nacht sagst.«

»Und was machst du noch hier? Hast noch nicht mal zu Abend gegessen!«

»Doch, doch, gegessen hab ich. Maria hat dafür gesorgt, sie war froh über das, was ich zur Mama gesagt hab, wer weiß, wie oft sie das denkt.«

In der Nacht ist dieser Junge ein Teufel, er macht ihr

angst mit seinen plumpen, starken Händen, dem Bauch, der die Knöpfe des Hemdes sprengt. »Also schäm dich ...«, sagt sie zu ihm, doch ihr Protest ist schwach, wundervoll sind Luigis Augen, lang und schmal: über die Hecke geworfen, das Herz, das er nun wie eine Wildkatze verteidigt.

»Du gehörst mal richtig durchgehauen, mit dem Riemen«, sagt der ältere Bruder, der noch neben der Schaukel steht.

»Weil du ein Nazi bist, du mit deinem Blitzkrieg. Deshalb gefallen dir Schläge mit dem Riemen«, erwidert Luigi prompt.

Pietro lacht überlegen, doch es liegt etwas Hysterisches in seinem Gelächter, das zu lange nicht aufhört. Luigi zuckt die Schulter, ihm geht es nur um Pia. »Gegen dich hab ich nichts, weißt du«, sagt er zu ihr, während er neben ihr hergeht, die Augen betrachten den weißen Fleck ihres Nachthemds in der Dunkelheit: Warum nimmst du mich nicht mit in die Nacht, warum drückst du mich nicht in deinem Bett an dich, in diesem ein wenig ausgefransten Hemd mit orangefarbenen Blümchen?

Pia hat rasch den Kamm aufgehoben, der aus ihren Haaren geglitten ist, die Haustür hinter ihr ist offengeblieben, so als wäre sie vom Licht aufgesogen worden. Vom Paradies geschluckt, ein Kissen, auf dem ihr Kopf zwischen Traumgirlanden ruht. Die Marcon, nennt die Signora sie mit einer gewissen Kälte, nicht Pia, sondern die Marcon, fast als müsse der Nachname sie auf Distanz halten. Die Marcon, die auf die Kinder aufpaßt.

Die ganze Familie glaubt, dies sei der Sommer der Marcon, wie der letzte der Sommer von Dorotea Bo gewesen war und der davor der Sommer von Giovanna. Luigi ist noch im Garten geblieben und versetzt den Kieselsteinen Fußtritte. »Du gehörst durchgehauen mit dem Riemen«, sagt er zu seinem Bruder, »hast dir Silvias Fahrrad geklaut und bist nach Casale gefahren.«

»Wer hat dir gesagt, daß ich nach Casale gefahren bin?«

»Pia«, Luigi lügt mit Leichtigkeit und schaut Pietro nun an, um zu sehen, ob er ins Schwarze getroffen hat, und obgleich es dunkel ist, sieht er, daß es stimmt, ja, so ist es, und der Schmerz bildet zusammen mit der gemeinen Freude eine unerträgliche Verquickung.

»Wenn du es jemand sagst, bring ich dich um.«

Nacht, in der die Transporte langsam über die Schienen rollen, die schlafenden Soldaten durchschütteln, die den Kopf auf ihre Rucksäcke gelegt haben. Sie fahren nach Susa, an die Etsch, nach Verona. Sie stellen die »Roten« und die »Blauen« in einer Übungsschlacht, bei der die Granaten, die explodieren, nur Rauch und Stichflammen erzeugen wie im Krimi. Luigi hat seinen dicken Körper mit Kälte bestraft, Schnaken haben ihn in die Schenkel gestochen, die gedrungen aus den enganliegenden kurzen Hosen herausschauen, Rachegedanken sind wie Seifenblasen geplatzt, während er auf der Schaukel hin- und herschwang, auf der zuvor sie gesessen hatte und ihr der Kamm aus den Haaren geglitten war. Und als Hunger und Müdigkeit unerträglich geworden sind, hat er sich in die Küche gesetzt, wo die Köchin ihm ein Tellerchen mit Resten, zugedeckt mit einem anderen Tellerchen, hingestellt hat; und die Reste der Reste läßt er für die Katze herunterfallen, die unter dem Stuhl kauert. Die schläfrigen Augen zählen die Karos des Geschirrtuchs, die Kacheln an der Wand. Zum Vater, der im Schlafrock in der Tür erschienen ist, sagt er: »Ich weiß, es war nicht recht von mir. Ich werde es nicht wieder tun.« Und in der großen leeren Küche ist sein Gesicht rund und blaß wie das eines Pierrot in einer mondlosen Nacht.

»Die Mama ist noch wach, geh hinauf und bitte sie um Verzeihung«, sagt der Vater.

Das Gesicht hat sich zu einem müden, erschöpften Lächeln verzogen, darunter scheint die Traurigkeit der kleinen Dinge hindurch: »Morgen, Papa, morgen ...«

Zur Einweihung des neuen Saals, des Oratoriums, war der Bischof aus Casale gekommen, und die Mädchen, die zu den Nonnen gingen, hatten ihm zu Ehren gesungen, den weißen Schleier auf dem Kopf zum Zeichen ihrer Reinheit. Im Oratorium lernten die Mädchen sticken, meistens aber spielten sie hemmungslos Korbball, und wenn sie schmutzig und mit durchgetretenen Schuhen heimkamen, nützte ihnen die Reinheit gar nichts. Außer für den Bischof hatten die Mädchen noch für den Papst, den König und Mussolini gesungen. Lange war zuvor diskutiert worden, ob es angebracht sei, auch für den Frieden zu singen, doch dann hatte der Pfarrer selbst davon abgeraten. Möglicherweise war der Friede in jenem Augenblick keine gute Sache.

Pia hätte an jenem Morgen gern ihre weiße Bluse mit dem Faltenrock getragen, aber die Signora, die ins Zimmer gekommen war, während sie sich anzog, hatte den Kopf geschüttelt: zu sportlich. Daraufhin hatte Pia das korallenfarbene Kleid vorgeschlagen, doch das, hatte die Signora gesagt, gehe überhaupt nicht, das sei nun gewiß kein Kleid, das für den Bischof oder die Nonnen paßte. Also hatte die Signora ihr ein Kleid mit blauen Punkten von sich geliehen, und auf den Kopf hatte sie einen Strohhut mit Organdyblüten aufsetzen müssen; und noch nie hatte sie im Spiegel häßlicher ausgesehen.

Während des Gottesdienstes hatte sie ganz hinten in der Kapelle gestanden, und Elsa hatte sich dauernd beklagt, daß sie »nichts sah«. Es war zwecklos, ihr zu erklären, daß es nichts zu sehen gab, sie stellte sich immer wieder auf die Zehenspitzen, so daß die große Haarschleife immer weiter nach unten rutschte. An einer Stelle hatten sie zusammen »Ti adoriam Ostia Divina« gesungen; und das war der einzige Augenblick im ganzen Gottesdienst gewesen, bei dem sie aufatmen konnte.

Anschließend hatten die Nonnen auf einem langen weißgedeckten Tisch Kuchen serviert. Die Kuchen glichen sich alle und blieben im Hals stecken. »Eßt wenig davon«, hatte die Signora gesagt, »sonst verderbt ihr euch das Mittagessen.« Aber um Pia das Mittagessen zu verderben, wäre schon anderes nötig gewesen, und die Kuchen erinnerten sie an den Großvater und die Schaukel zwischen den beiden Ästen, während ihre Mutter die Saison über zum Arbeiten in die Schweiz fuhr. Eine Schwester ging mit einem Tablett herum und bot Wein an, sie verneigte sich vor dem Bischof, der auf dem Ehrenplatz saß. Der Wein war leicht und spritzig, und obgleich Pia mehr als ein Glas davon getrunken hatte, zeigte ihr Gesicht, das eines heranwachsenden Kriegers, noch unverändert die gleichen frischen Farben. Es hatte nur, in die Langeweile ergeben, jeden Schwung verloren, jenen trockenen, geballten Glanz, als wäre die Materie, die es eines Tages schwerfälliger machen sollte, an jenem Morgen zum erstenmal aufgetaucht: Sie haßte Nonnen, Klöster, nicht enden wollende Zeremonien. Und ungeduldig, den Bischof mit dem vom Wein leicht säuerlichen Atem und dem wunderbaren rotschimmernden Gewand voller staub- oder mimosenähnlicher Bisquitbrösel abfahren zu sehen, hatte sie ihr Handtäschchen geschwenkt.

Sie konnte es kaum erwarten, dieses Kleid mit den blauen Punkten auszuziehen, doch als sie, Elsa an der Hand hinter sich herschleifend, zu Hause angekommen war, war es schon Essenszeit, und die von auswärts angereisten Gäste saßen im Kreis unter dem Nußbaum. Pietro wartete oben an der Allee auf sie und war stehengeblieben, um sie zu betrachten, ihm schien, als kennten nur sie beide den Grund, weshalb sie mit jenem Kleid und jenem Hut verkleidet war, nur sie beide wußten, was unter dem lächerlichen Strohhütchen, dem gepunkteten Stoff geheimgehalten wurde. (Du bist so komisch, aber auch so hübsch, sagte der Blick zwischen den Pflaumenbäumen oben an der Allee.) Sie hatte den Blick anders gedeutet und sich den Hut vom Kopf gerissen, schlaff hing er nun in ihrer Hand; und anstatt die Allee weiterzugehen, hatte sie die Abkürzung über die Wiese genommen und das Beet mit *Salvia splendens* zertrampelt. »Pia, was machst du denn, wo willst du hin ...?« hatte Elsa gesagt, über die Einfassung stolpernd, während die unter dem Nußbaum versammelten Gäste sie mit einer gewissen Verwunderung herankommen sahen:

die Marcon, die vielgerühmte Marcon (*Zweite im Zweihundertmeterlauf und Dritte im Achtzigmeterhürdenlauf*) machte zumindest betroffen.

Unter jenen Blicken war Pia kurz unsicher geworden, dann hatte sie sich provozierend heruntergebeugt, um mit Spucke eine Laufmasche an ihrem Strumpf zu bremsen. »Und das ist deine Cousine Chiara?« hatte sie Elsa gefragt. »Die mit den zwei Bananen auf dem Kopf?« Und bevor Elsa noch etwas erwidern konnte, hatte sie schon begriffen, daß sie es war.

Die Cousine Chiara saß auf dem Leinenklappstuhl, sie mochte siebzehn, achtzehn Jahre alt sein, und die dunklen Haare waren in zwei Schillerlocken oben auf dem Kopf befestigt. Sie lachte gerade, und ihr schöner Mund, platt in dem Gesicht mit den breiten Wangenknochen, erinnerte an den zunehmenden Mond. Auch die Augen, ohne Tiefe, wie auf das Elfenbein der Haut aufgemalt, waren sehr schön. Aber der zentrale Punkt, der Brennpunkt des ganzen Gesichts, war das Kinn: Klein, rund, mit einem Grübchen in der Mitte bebte es fleischig, während sie lachte.

Bei Tisch hatte Pia ihr gegenübergesessen und bewundern können, wie sie die Armreifen an ihrem glatten, zart gebräunten Arm auf und ab gleiten ließ. Die Stimme war hell, luftig, und sie aß mit einer solchen Gier, als ob das Fleisch, die Beilagen, die Béchamelsauce ganz eins mit ihr wären, und als würde sie selbst diese Dinge nicht wie etwas von ihr Verschiedenes, sondern wie einen zu ihr gehörigen Teil empfinden, wie den Ellbogen oder das Ohr, das Kinn, während die Augen, wie zwei Flachsblüten, die sich ab und zu bei einer unerwarteten Berührung schlossen, Pia streiften, ohne sie zu sehen. Durch die angelehnten Fensterläden fiel ein messerscharfer Lichtstrahl auf die Tischdecke, lief über das Salzfaß, die Kristallgläser und bohrte sich, letztes Ziel, zwischen ihre Armreifen. Ein Glitzern, das sie umwehte wie Lametta. So zumindest sah die Marcon, der der Mut gefehlt hatte, hinaufzugehen und das korallenfarbene Kleid anzuziehen, sie, während sie das Fleisch auf Elsas Teller kleinschnitt.

Anschließend waren sie hinausgegangen und hatten sich um das Eisentischchen gesetzt. Es war heiß, und die Zabaionetorte lag ihr nun ganz oben im Magen. Die Erwachsenen hatten sich mit einem diskreten Schließen der Fensterläden zur Mittagsruhe zurückgezogen, und Elsa saß bei Cousine Chiara auf dem Schoß und spielte mit ihren Armreifen. Das leise, satte Gelächter der beiden wechselte sich ab mit kurzen Küssen, die Elsa ihr auf Hände und Gesicht drückte. Ein ekelerregendes Schauspiel. Pia hatte sich erhoben und dabei fast den Stuhl umgestoßen. »Ich gehe ein wenig spazieren«, hatte sie gesagt, »kommst du mit, Elsa?«

»Nein, jetzt nicht…«, hatte die Kleine geantwortet und sich mit dem ganzen Körper auf dem der Cousine ausgestreckt.

»Ich komme mit«, hatte Luigi gesagt. Pietro war im Liegestuhl liegengeblieben, die Arme bogenförmig über dem Kopf und den Blick in den Blättern des Nußbaums. Und niemand konnte wissen, was ihm durch den Sinn ging.

Sie waren durchs Tor hinausgegangen, und Luigi hatte seinen Arm um ihre Taille gelegt und hielt sie an sich gedrückt, wie ein Erwachsener seine Verlobte an sich drücken würde. So, stellte er sich vor, war sie in ihrem Dorf mit Gianni spazierengegangen. Doch er war noch klein, und sein Arm reichte mühsam an ihrem Körper hinauf. Pia legte ihm eine Hand auf die Schulter, und es war nicht klar, was sie sein könnten, sie beide, auf der Straße, die zum Friedhof führte, an jenem frühen Nachmittag, mit weißem Staub und Fliegen, die regungslos auf den schon getrockneten Kuhfladen saßen. Luigi schmiegte den Kopf in ihre Achselhöhle und atmete ihren Geruch, spürte den winzigen Haarbüschel, den er so oft flüchtig gesehen hatte, wenn sie das korallenfarbene Kleid anzog. Während sie dahingingen, betrachtete er den Schatten ihrer beiden eng aneinander gelehnten Gestalten und hatte keinen Wunsch mehr, die Hände berührten kaum ihre Hüfte. Und das war alles. Sie machte ihm noch einmal Vorwürfe wegen der Farbe und der verschmierten Blätter, aber er verstand gleich, daß es nicht so gemeint war. Dann fragte sie ihn nach der Cousine Chiara, ob er sie auch so schön finde. »Nein, ich nicht«, hatte er prompt erwidert, »ihr Gesicht ist zu breit, wie ein Pantoffel.« »Hör auf, das ist nicht wahr...«, doch sie hatte gelacht bei dem *Pantoffel* (zum erstenmal an diesem Tag), und daraufhin hatte er es wiederholt: »Doch, wie ein Pantoffel, wie ein Pantoffel.« Inzwischen waren sie bei der Ziegelei angekommen, längst am Friedhof vorbei, hatten sich auf den Boden gesetzt und Trauben gegessen, die sie auf einem Weinberg gestohlen hatten. Sie hatte vom Bischof erzählt, und Luigi hatte gelacht, vom Friedhof sahen sie nur noch die rote Backsteinmauer und die Dachfirste der Grabkapellen. Auf dem Rückweg hätte Luigi gern wieder den Arm um sie gelegt, doch sie hatte sich unwirsch losgemacht. »Wir sind spät dran«, hatte sie gesagt, »los, mach, daß du deinen dicken Hintern in Bewegung setzt«, und ihm lustig einen

Klaps auf den Po versetzt. Er war rot geworden, doch Pia sah ihn so gut gelaunt an und tat ihm auch irgendwie leid, so daß ihm nicht danach zumute gewesen war, den Beleidigten zu spielen.

Als sie zurückgekommen waren, sollte gerade der Tee aufgetragen werden, und die Tanten saßen mit frischgepuderten Nasen um das Eisentischchen. »Luigi, wo hast du dich wieder herumgetrieben?« hatte der Vater gefragt. Sie waren alle bereit für ein Gruppenfoto, nur er fehlte noch.

»Pia, stell dich auch dazu!« hatte Elsa gerufen.

»Nein, nein«, hatte sie geantwortet, während Luigi unwillig mit erdverschmierten Hosen dazutrat.

»Wie kann man bloß bei dieser Hitze spazierengehen …«, hatte die Mutter gesagt und dem Sohn die Haare aus der schweißnassen Stirn gestrichen.

»Los, Pia, komm …« hatte Elsa beharrt. Doch sie hatte den Kopf geschüttelt, stand schon auf der Schwelle und wollte ins Haus gehen.

»Pia, würden Sie mir einen Gefallen tun?« Der Vater stand mit der Kodak in der Hand da. »Es ist schon alles eingestellt, Sie müßten nur draufdrücken.«

Sie war umgekehrt und hatte den Fotoapparat genommen. »Sind wir alle drauf?« hatte der Vater gefragt. Im Sucher betrachtete sie Pietro, der eine Hand auf die Schulter der Cousine Chiara gelegt hatte: ein wunderbares Paar. Mit geschlossenen Augen hatte sie den Auslöser gedrückt, der Schmerz war jetzt eine Faust, die ihre Seele preßte, bis Tränen heraustropften.

»Nein, du gehst jetzt nicht weg.« Die Arme drängten sie gegen die rissige Garagenmauer. Ein mondloser Abend, feucht, Tropfen glitzern auf den Ästen des

Pflaumenbaums, durch das nasse Gras werden die Füße in den Schuhen eiskalt.

»Laß mich.« Das den ganzen Nachmittag zurückgehaltene Weinen schwingt nun in der Stimme, auch die Geckos sind davongeglitten, dorthin, wo zwischen dem Laub des Efeus die Lampe brennt.

»Gott, wie schön du bist«, sagt Pietro zu ihr und zieht den Kragen ihres Pullovers hoch, damit sie nicht friert. Sie ist nie schön gewesen, Schönheit ist etwas, das ihr fremd ist. »Laß mich, laß mich gehen«, sagt sie noch einmal zu ihm, während der Blick jede Kraft verloren hat, kein Sturm mehr, sie dreht das Gesicht zur Wand: Es geht nicht, verstehst du das nicht? Sie starrt auf die Wand, an der sie die Hand gefangenhält, die Finger leicht gekrümmt. Wie gut sie diese Hand kennt, auch wenn sie sie nur selten berührt hat, so oft hat sie sie angeschaut, auf einen Sessel, auf ein Sofa gestützt, während sie eine Zigarette anzündete. Nun löst sich die Hand von der Mauer, dreht ihr Gesicht gewaltsam herum, drückt zu, bis es ihr weh tut. »Schau mich an, ich liebe dich.« Mit einer feinen Falte schließt sie das Blond der Augenbrauen, wenn sie ihm jetzt glaubt, wird ihr Leben davonschnellen, verrückt wie ein Hase im Gebüsch, den zu verfolgen zwecklos ist. (Wer weiß, wohin jener Zug gefahren ist, wo die Soldaten sind, die Kompaniefeldwebel, wo sie schlafen in der sternklaren Eiseskälte des Gebirges. Wer weiß, wie sie gewesen wären, ihre und Giannis Kinder, wie ihr Haus gewesen wäre in jenem Dorf bei Belluno.) Sie öffnet die Lippen, um etwas zu sagen, aber kein Laut kommt aus ihrer Kehle, dieser Satz, »Ich liebe dich«, verzweigt sich rasch in ihr, schlägt Wurzeln, Blätter und Triebe füllen ihren Mund, hindern sie am Sprechen. Der Kopf ist wirr, alles, was sie tun kann, ist, die Hand zu nehmen und sie zu drücken: was werden sie nun tun, da es nicht mehr möglich ist, umzukehren? Was werden sie tun? Sie sind über den Graben gesprungen, und drüben heulen die Wölfe.

»Pia, Pia«, hört man es rufen, »Pia! ... wo steckst du denn?« Ein Schatten fällt auf den Backsteinpfad.

»Das ist Luigi«, sagt sie.

Pietro zieht sie weiter in die Garage hinein. »Ich heirate dich, weißt du«, sagt er zu ihr. (Er tut es dann, zwischen einem Fronturlaub und dem nächsten, 1942, und um zu ihm zu gelangen, wird sie an den entlegensten Bahnhöfen, in Griechenland, in Albanien, in Šibenik, unzählige Male von einem Zug in den anderen umsteigen.) Die Hände fahren ihr in die Haare und halten ihren Kopf wie den heiligen Gralskelch, Pia schaut ihn an und ist in der Nacht wirklich überaus schön, die Augen und die Haare scheinen eigenes Licht zu versprühen, und als sie ihm antwortet, hat ihre Stimme den Geruch des Grases und der Pflaumen, des Efeus an der Mauer. Eine Nacht, die für immer im Gedächtnis bleibt. Für immer, die Garage, das Efeu, der Tag: 29. August 1939.

Dann werden die Deutschen das Haus anzünden, die Pflaumenbäume verbrennen fast alle, und aus der Hausruine werden die Bettroste gestohlen werden, das Wenige, das noch übrig war. Irgend jemand, der vielleicht spioniert hatte, wird das Tafelsilber finden: Es war hastig in dem Beet vergraben worden, wo früher die *Salvia splendens* geblüht hatte. Ein Unglück nach dem anderen, es begann in jenem Sommer, der der Sommer der Marcon sein sollte, als der älteste Sohn, Pietro, den Kopf verlor wegen des Mädchens, das gekommen war, um auf die kleineren Geschwister aufzupassen. Kaum mehr als ein Bauernmädchen, dessen Mutter in Graubünden als Hausangestellte arbeitete.

Nicht einmal ein besonders schönes Mädchen, doch Luigi bewahrte weiterhin ein Foto von ihr auf, auch nachdem ihre Ehe mit Pietro schon bald gescheitert war. (*Eine Kriegsehe,* wie man damals sagte.)

Übersetzt von Maja Pflug

Dacia Maraini

Mein Mann

Mein Mann ist blond, sein Haar lichtet sich an den Schläfen, er hat gepflegte Zähne, seine helle Haut ist mit großen, braunen Sommersprossen übersät. Mein Mann ist elegant, er kleidet sich sorgfältig, sein Kopf duftet stets nach Eau de Cologne. Mein Mann arbeitet bei einer Bank, er ist Kassierer und verdient einhundertzwanzigtausend Lire im Monat.

Wenn mein Mann spricht, höre ich ihm aufmerksam zu. Seine Stimme ist gedämpft, matt, ziemlich dünn und hoch. Was er sagt, hat immer Hand und Fuß. Niemals habe ich ihn etwas Unsinniges, Falsches sagen hören.

Mein Mann wird von seinen Freunden geliebt, von den Vorgesetzten geschätzt. Wenn er will, ist er sogar ein Mann von Welt. Er nimmt mitten in einem Kreis von Leuten Platz und plaudert, diskutiert. Er tritt für die Wahrheit ein, zügelt seine Freunde, wenn sie zu ungestüm sind, läßt den gesunden Menschenverstand nie außer acht.

Mein Mann ist geistreich, er spielt einem gern einen Streich. Manchmal legt er mir eine Kröte ins Bett oder tut Marmelade in meine Pantoffeln. Einmal hat er mir sogar einen selbstgebackenen Kuchen vorgesetzt, in dem sich eine tote Maus befand.

Mein Mann sammelt Briefmarken. Bisweilen stiehlt

er unseren Nachbarn die Post, um sich die Marken für seine Sammlung auszuschneiden. Er besitzt zwei Alben, dick wie Telefonbücher, prall gefüllt mit wertvollen Briefmarken. Er sagt, eines Tages werde er sie verkaufen, und von dem Geld würden wir uns ein Haus auf dem Land bauen.

Außer den Briefmarken bewahrt mein Mann in seinen Alben neue Geldscheine auf, die gerade frischgedruckt von der Prägestelle gekommen sind. Der erste Schein einer neuen Serie bringe Glück, sagt er. Deshalb nimmt er sie heimlich aus der Kasse, steckt sie in Tütchen aus bläulichem Seidenpapier und befestigt sie mit einem Klebestreifen in seinem Album.

Seine Kollegen halten ihn für einen klugen, hochintelligenten Mann; sie suchen ihn auf, um sich Rat bei ihm zu holen, sich ihm anzuvertrauen. Sie kommen vor allem sonntags. Gewöhnlich öffne ich die Tür. Wenn ich ein hochmütiges, dummes Gesicht vor mir sehe, jemand, der nervös mit den Augen rollt, weiß ich, daß es sich um einen von Marios Kollegen handelt, und führe ihn schnurstracks ins Wohnzimmer.

Der Mann folgt mir, bleibt an der Tür stehen und läßt seinen Blick unsicher umherschweifen. Wenn er schon einmal bei uns war, steuert er geradewegs auf den Sessel los, der im Hintergund weit vom Fenster entfernt steht. Wenn er zum ersten Mal da ist, wartet er, die Hände in den Taschen, bis ich ihm sage, wo er Platz nehmen soll. In unserem Wohnzimmer ist es sehr dunkel, die Fensterläden sind stets halb geschlossen, denn Mario sagt, durch das Licht würden die Möbel verblassen. Deshalb sind die Gäste zunächst ein wenig eingeschüchtert und verängstigt, wenn ich die Tür öffne, die vom Korridor ins Wohnzimmer führt.

Einer von ihnen kam bis vor kurzem jeden Sonntag. Es war ein kleiner, rothaariger Typ, scharlachrote Löckchen lugten aus den Manschetten seiner Hemden hervor. Er kam, um über seine Frau zu reden, die mit dem Bankdirektor ein Verhältnis hatte. In der ersten Zeit ereiferte sich der rothaarige Jüngling, hämmerte mit den Fäusten auf die Möbelstücke, schrie, wenn von seiner Frau die Rede war. Er stand vor einem schwierigen Problem: Wenn er seine Stellung bei der Bank behalten wollte, mußte er so tun, als wisse er nicht, was zwischen seiner Frau und dem Direktor vorging. Die Angelegenheit beunruhigte ihn sehr, bereitete ihm schlaflose Nächte und verdarb ihm manchmal sogar den Appetit.

Aber Mario fand einen Weg, um ihn zu beschwichtigen. Er redete lange mit seiner sanften, überzeugenden Stimme auf ihn ein und verzichtete darauf auszugehen, nur um weiter mit ihm plaudern zu können; er behielt ihn gleich dreimal nacheinander zum Abendessen da. Nach und nach wurde aus diesem blassen, zornigen Freund ein rosiger, heiterer junger Mann.

»Er hat noch einen Anflug von Traurigkeit in den Augenwinkeln. Aber die werde ich ihm vertreiben. Du, Marcella, mach uns einen guten Kaffee. Ich möchte, daß er sich wirklich wie ein anderer Mensch fühlt, wenn er weggeht.«

Mario überzeugte ihn davon (seine Überlegungen waren so bestechend, daß sie auch mich in ihren Bann schlugen), daß der Direktor ein Übermensch, ein Engel, war.

»Kann man einen Engel anklagen, er mische sich in die menschlichen Angelegenheiten ein?«

»Nein. Aber wenn er nun doch kein Engel ist?«

»Was, nach all den Tagen der Behandlung und nachdem wir so oft über ihn und seine übermenschlichen Fähigkeiten gesprochen haben... da dachte ich, du wärest davon überzeugt.«

»Ja, schon. Aber manchmal kommen mir Zweifel...«

»Der Zweifel kennzeichnet die Schwachen. Ein starker Mann zweifelt nicht. Ein starker Mann handelt im Einklang mit sich selbst; sein Herz, sein Kopf, seine Leber, ja sogar seine Gedärme müsse im Einklang mit seinem Handeln stehen. Ist dir das klar?«

»Ich glaube schon.«

»Gut. Ich frage dich also noch einmal, kann man einen Engel in einer menschlichen Angelegenheit als Störenfried ansehen?«

»Sicher nicht.«

»In der Tat, ein Engel ist und bleibt ein Engel. Er kann nur Gutes tun. Wo immer seine Flügel sich niederlassen, müssen Glück und Reinheit gedeihen.«

»Er ist möglicherweise ein Engel. Aber meine Frau ist es auf keinen Fall.«

»Deine Frau ist kein Engel. Aber der Umgang mit einem Engel kann sie nur bessern, sie reiner und ausgeglichener machen.«

»Meine Frau ist nicht ausgeglichen.«

»Deine Frau ist nicht ausgeglichen, aber sie könnte es werden. In der Nähe eines ausgeglichenen Mannes könnte ihr Charakter seine Züge moralischer und intellektueller Unausgeglichenheit verlieren. Mit der Zeit wird sie ihre Schwächen ablegen, und du selbst wirst sie kaum wiedererkennen. Sie wird eine andere sein.«

»Aber ich habe sie so geheiratet, wie sie ist. Im Grunde genommen genügt es mir, daß sie so bleibt.«

»Du enttäuschst mich, Carlo. Du liebst das Gute nicht

so, wie ich dachte, und wirst vom Bösen, der Unordnung, dem Dunklen angezogen.«

»Nein, ich schwöre es.«

»Dann hör mir zu. Von morgen an wirst du den Direktor beobachten. Versuch ihn nicht aus den Augen zu lassen, präg dir den Tonfall seiner Stimme ein, schau, wie er geht, wie er sich bewegt, wie er sich über die Akten beugt. Wenn es dir gelingt, diesen Schleier der Gleichgültigkeit und Passivität von deinen Augen zu reißen, wenn du es fertigbringst, mit dem Herzen zu schauen, wirst du seine engelgleiche Natur entdekken.«

»Ich habe ihn schon so oft beobachtet, aber ich habe niemals etwas Besonderes an ihm finden können.«

»Weil du von der gleichen Niedertracht vergiftet bist wie die übrigen Kollegen. Du kennst sie doch, du weißt, wie ordinär und dumm sie sind. Für sie ist ein Direktor ein Direktor, ein Kassierer ein Kassierer und ein Briefträger nichts anderes als ein Briefträger. Für sie ist der äußere Schein das einzige, was zählt. Darüber hinaus gibt es nichts für sie.«

»Es ist wahr, sie sind dumm. Sie verbringen die Zeit damit, sich unanständige Witze zu erzählen und über die Kundinnen, die hereinkommen, zu reden.«

»Siehst du, du weißt es selbst. Das bedeutet, daß du anders bist als sie, besser. Du ragst schon über das Mittelmaß hinaus. Und in Kürze wird dir vollkommen klar sein, welche Dummköpfe unsere Kollegen sind und was er, der Direktor, für ein edler, reiner Geist ist. Dann wird es dir ganz in der Ordnung vorkommen, daß deine Frau und er zusammensein wollen, sich lieben, wie eben die schönen, richtigen Dinge einander anziehen und sich lieben.«

»Das ist ja alles gut und schön. Das einzige, was bei der Sache nicht funktioniert, ist, daß er mich entläßt, wenn ich protestiere.«

»Das ist ein boshafter Gedanke von dir. Der Direktor entläßt niemanden aus so niedrigen Beweggründen. Und warum solltest du denn protestieren, wenn du davon überzeugt bist, daß diese Verbindung nur zum Besten ist. Kann ein Engel etwas Schlechtes tun? Nein. Sei also einverstanden, zeig dich überlegen, unterscheide dich von den Kollegen, diesen Dummköpfen, deren Blick keinen Zentimeter über die eigene Nase hinausreicht. Du selbst solltest ihm deine Frau zuführen, damit sie reiner und ausgeglichener zurückkehrt.«

Mein Mann kann gut reden, alle hören ihm fasziniert zu. Es ist ihm nicht nur gelungen, diesen Kollegen davon zu überzeugen, seine Frau freiwillig dem Direktor zu überlassen, sondern er hat auch viele andere überredet, noch weit unglaublichere Dinge zu tun. Ein Freund, der einen mißratenen Sohn hatte und meinem Mann sein Herz in unserem Wohnzimmer ausschüttete, gelangte schließlich zu der Überzeugung, der Sohn sei nicht sein Kind. So ließ seine Verzweiflung nach, und er warf ihn kurzerhand aus dem Haus. Zwei Tage später nahm sich der Junge das Leben. Der Vater kam händeringend zu uns. Mario hat ihn davon überzeugt, daß das, was geschehen war, bewies, daß der Sohn tatsächlich von einem anderen Mann stammte und daß das Böse nur Böses hervorbringen könne, nämlich den Tod.

Ein anderer kam morgens früh, setzte sich ins Wohnzimmer und blieb bis zum Abend dort sitzen, wobei er eine Zigarette nach der anderen rauchte. Es fehlte ihm nichts. Er war weder krank noch arm, er hatte auch keinen Ärger mit seiner Familie wie die anderen. Er war lediglich lebensmüde. Er wollte sterben. Aber er wußte nicht wie. Von Zeit zu Zeit entdeckte er ein neues Gift und stürzte sich begeistert auf die Zubereitung; er wälzte Bücher, machte Experimente mit Mäusen und anderen Tieren, sprach lange mit Mario darüber, machte Zeichnungen auf einem Blatt Papier. An Strichmännchen illustrierte er die Wirkung des Gifts im Körper in allen Phasen von der Einnahme bis zum Tod. Darunter gab er in kleinen Zahlen an, wie viele Minuten das Gift brauchte, um zu wirken. Aber wenn alles klar und bereit schien, ließ er davon ab und sprach nicht mehr davon, bis er ein anderes, noch wirksameres Gift entdeckte.

Mario sagte, er sei ein schwieriger Fall. Er lasse sich nicht durch Worte beeinflussen. Er könne nicht zuhören. Er sei immer träg, passiv. Er gehe nur aus sich heraus, wenn er von irgendwelchen Giften rede.

So ließ Mario ihn im Sessel in unserem Wohnzimmer sitzen und rauchen und ging nur selten zu ihm, um mit ihm zu sprechen.

»Mach ihm einen guten Kaffee, Marcella, er kann ihn brauchen.«

Ich machte ihm den Kaffee, servierte ihn ihm. Der Mann bedankte sich. Aber als ich wiederkam, um das Täßchen zu holen, stellte ich fest, daß es immer noch voll war und der Mann sich lediglich eine weitere Zigarette angezündet hatte.

»Glaubst du, daß er für immer bei uns bleiben wird?«

Mich störte vor allem der Gestank nach Rauch, der sich in unserer Wohnung ausbreitete, sich in die Möbel und Vorhänge setzte. Im übrigen war es so, als wäre er nicht da.

»Er ist ein sonderbarer Mensch. Er ähnelt mehr einem Toten als einem Lebenden. Ich verstehe, daß er sich umbringen will. Der Tod wäre ihm angemessen. Man muß ihm helfen. Aber wie?«

»Heute hat er mir von einem Gift erzählt, das aus dem Blut eines Parasiten gewonnen wird.«

»Etwas stimmt mit ihm nicht, etwas, das ihn hartnäkkig am Leben festhalten läßt trotz seiner Todessehnsucht. Ich möchte gern herausfinden, was es ist.«

»Vielleicht will er nur reden und gar nicht wirklich sterben.«

»Er ist bereits ein toter Mann, das habe ich dir doch schon gesagt. Was in ihm weiterlebt, ist ein Auswuchs, eine Anomalie, etwas Unklares, Unnützes, das zerstört werden muß.«

»Warum überzeugst du ihn nicht mit deinen schönen Reden?«

»Er hört einfach nicht. Seine Ohren sind tot.«

Dieser Freund, dem es nicht gelang, sich umzubringen, machte meinem Mann große Sorgen. Der Fall machte ihn nervös. Möglicherweise, weil er an seinen Fähigkeiten zu zweifeln begann. Nachts wälzte er sich schlaflos im Bett.

Eines Tages gingen sie zusammen aus, er und sein Freund. Ich wartete mit dem Abendessen auf die beiden. Aber um zehn Uhr waren sie immer noch nicht zurück. Das Essen wurde kalt. Ich begann, Brot zu essen, um meinen Magen zu beruhigen. Ich trank auch ein Glas Wein. Wahrscheinlich bin ich eingeschlafen. Gegen Mitternacht schreckte mich das Geräusch des Schlüssels im Schloß der Wohnungstür auf.

»Bist du es, Mario?«

Er gab mir keine Antwort. Einen Moment später sah

ich ihn hereinkommen, das Haar zerzaust, das Gesicht von der Kälte gerötet, seine Augen glänzten vor Zufriedenheit.

»Und dein Freund?«

»Er ist tot.«

»Hat er sich umgebracht?«

»Ja. Jetzt ist er wirklich er selbst. Nun braucht er sich nicht länger zu verstellen.«

»Wie ist es passiert?«

»Wir haben einen Spaziergang durch die Stadt gemacht. Dabei hat er immerzu von seinen Giften geredet. Wir sind dann auf ein im Bau befindliches Haus hinaufgestiegen. Bis zum obersten Stockwerk. Das Haus steht auf einer kleinen Anhöhe, direkt an einer Böschung, die in den Fluß hinuntergeht. Wir setzten uns auf ein eben erst erstelltes Zementmäuerchen und fingen an zu rauchen. Zwei, drei Stunden rauchten wir vor uns hin. Meine Finger wurden steif, und im Rücken fühlte ich eine Kälte, daß ich fürchtete, ohnmächtig zu werden. Er spürte weder die Kälte noch die unbequeme Stellung. Er blickte fasziniert auf die Böschung unter uns. Möchtest du dich nicht hinunterstürzen? fragte ich ihn. Ich möchte schon, aber ich kann nicht. Warum? wollte ich wissen. Weil ich mir selbst kein Leid zufügen kann. Das wäre unnatürlich. Und was willst du dann? Könntest du mir nicht einen Stoß geben? sagte er da.«

»Das hat er gesagt?«

»Ja, genau. Wenn du ein echter Freund bist, dann gib mir einen Stoß, und ich werde endlich meinen Frieden finden. Da brauchst du mich nicht lange zu bitten, antwortete ich ihm. Genau deswegen bin ich mit dir hierhergekommen, nämlich um dich auf das Gesims zu führen und dich hinunterzustoßen. Du meinst es wirklich gut mit mir, sagte er, denn du kennst mich besser als ich selbst. Meine Aufgabe besteht darin, die anderen zu verstehen und ihnen dabei zu helfen, zu sich selbst zu finden, keinen Verrat an sich zu begehen. Danke, sagte er zu mir. Laß mich noch eine letzte Zigarette rauchen. Nimm dir ruhig Zeit. Wir haben keine Eile. Er zündete sich die Zigarette an, tat einige Züge und stieg dann, die Zigarette immer noch zwischen den Lippen, auf das Mäuerchen hinauf. Ich stieß ihn mit zwei Fingern an. Ein ganz leichter Stoß genügte. Er fiel wie von allein hinunter. Sein Sturz war sehr schön, höchst elegant. Er streifte die Böschung leicht und verschwand im Fluß. Er konnte sich keinen schöneren Tod wünschen.«

Mein Mann ist derart von seiner Mission beseelt, daß er manchmal sogar vergißt, in Urlaub zu fahren. Dieses Jahr sind wir aus Rom nicht herausgekommen. Ich hätte unsere dunkle, stille Wohnung gern verlassen, um wie alljährlich drei Wochen in Riccione bei den Schwiegereltern zu verbringen, aber ich wollte ihn nicht stören. Ich weiß, er behandelt gerade einige schwierige Fälle, die er nicht im Stich lassen kann.

In diesen Tagen kommt zum Beispiel häufig ein junger Mann zu uns, ein hagerer, dunkler Typ mit verkrampftem Gesicht und zwei tiefen Falten um den Mund. Er sagt, er leide an Kleptomanie. Sein Gesichtsausdruck sei so gespannt durch die Anstrengung, diese Leidenschaft zu unterdrücken. Der junge Mann behauptet, sein Verlangen zu stehlen sei stärker als alles andere, und wenn die Versuchung über ihn komme, sei er sogar bereit zu sterben, nur um diesen Trieb zu befriedigen.

Mario ist ein Mensch, der Ordnung, Regeln, korrekt ausgeführte Angelegenheiten liebt. Er hat sehr strenge, präzise Vorstellungen von den Pflichten eines Bürgers. Deshalb verwendet er besondere Sorgfalt darauf, den jungen Mann zu heilen. Aber es ist ihm bisher noch nicht gelungen. Nach vielen Tagen der Behandlung hat der junge Mann doch wieder gestohlen.

»Heute nacht ist mir ein genialer Einfall gekommen.«

»Und zwar?«

»Weißt du, was sie in der Antike mit einem Dieb machten?«

»Sie hackten ihm eine Hand ab.«

»Warum?«

»Um ihn zu bestrafen. Wenn deine Hand deinem Willen nicht gehorcht, hacke sie ab. So heißt es in der Bibel. Ich glaube, das ist der einzige Weg.«

Immer mehr gelange ich zu der Überzeugung, daß Mario die geistigen Fähigkeiten eines Magiers besitzt. Wie der Priester einer furchterregenden archaischen Religion kennt er weder Mitleid noch Unsicherheit. Und seine Sicherheit wirkt derart ansteckend, daß alle schließlich das tun, was er will.

Mario hat den jungen Mann davon überzeugt, daß er sich eine Hand abhacken muß, wenn er endgültig von seiner Leidenschaft geheilt werden will.

Heute morgen sind die beiden in aller Frühe zum Sägewerk eines Freundes aufgebrochen. Dort wird sich der dunkelhaarige junge Mann in Marios Gegenwart mit einem Axthieb eine Hand abhacken. Anschließend werden sie hierherkommen, um einen Kaffee zu trinken.

So jedenfalls haben sie mir gesagt. Aber ich glaube, der junge Mann wird eher Verbandszeug und Schlaftabletten brauchen als Kaffee. Ich habe im Wohnzimmer auf der Couch, wo er gewöhnlich sitzt, ein Bett für ihn zurechtgemacht. Auf dem Glastischchen daneben habe ich Beruhigungsmittel, Binden und ein Glas Kognak bereitgestellt.

Es wird sehr schön sein, Marios anständiges, glückliches Gesicht zu sehen, das Gesicht eines Mannes, der seine Pflicht erfüllt hat.

Übersetzt von Inez de Florio-Hansen

Fabrizia Ramondino
Variationen über ein altes Thema

»Ich weiß, wo du stehst, doch ich sage es nicht.
teures geliebtes Häuschen.
Zur Ruine verfallen
ließ dich die Zeit, den Schwachen feind.«
Umberto Saba

1. »Schon wieder da, verfluchtes Ungeheuer!« tönte die Stimme der Großmutter im Morgengrauen gegen das hohe Deckengewölbe des Zimmers. Es war ein dunkler, langsam-feierlicher Gesang, der uns im Halbschlaf keine Furcht einflößte, da wir an religiöse Zeremonien gewöhnt waren und daran, die Welt in zwei Farben einzuteilen, Weiß und Schwarz. Weiß war die Farbe der Kinder – mit Vorliebe wurden wir weiß gekleidet, weiß nannte man unsere Stimmen, weißer als die der Erwachsenen waren unsere Zähne; weiß waren die Särge der früh Gestorbenen; weiße Handtücher wurden uns nach dem Bad gereicht, wir ruhten zwischen weißen Laken, alle auf demselben Bett, das uns die Großmutter in jenem schwülen Sommer abgetreten hatte, während sie selbst es vorzog, auf dem Boden zu unseren Füßen, inmitten des Luftzugs, zu schlafen, in eine schwarze Kutte gehüllt, weil sie ein Gelübde abgelegt hatte. Und ausgestreckt auf einem schwarzen Tuch auf dem nackten Stein – ein Laken anstelle des

groben Tuchs zu benutzen, wäre ihr wie ein Luxus erschienen; es gab nämlich kein Wasser, die Zisternen waren trocken, fast versiegt die Quellen im Eßkastanienwald. Die grauen Haare, zwischen denen sich hartnäckig jugendliche, kräftige schwarze Strähnen behaupteten, waren immer naß, wir wußten nicht, ob von Schweiß oder von Essigwasser, denn neben ihr Lager pflegte sie abends eine Tonschale zu stellen, in die sie einen Lappen eintauchte, um sich Gesicht und Schläfen zu erfrischen.

Die melodischen Verwünschungen richteten sich nicht gegen ihren Ehemann, der schon seit dreißig Jahren tot war, auch nicht gegen den Sohn, von dem man nichts mehr gehört hatte, seit er an die Front in Albanien gereist war, nicht gegen den ältesten der Enkel, der in Afrika an der Front war, nicht gegen den Pächter, der immer Körbe voller Feigen brachte, obendrauf gute, große und reife und darunter schlechte, kleine oder faulige, und auch gegen keines von uns Kindern. Auch nicht gegen die Katze, die nachts kam und ihren Schlaf störte. Man konnte nämlich, wegen der Schwüle, die erst im Morgengrauen nachließ, nur bei weit geöffneten Balkon- und Zimmertüren schlafen; und bevorzugte nächtliche Beute der Katze waren die Haare der Großmutter, die dicht waren und ihr bis zur Taille reichten – sie pflegte sie beim Zubettgehen aufzumachen, damit sie atmen können, sagte sie; außerdem waren sie elektrisch und sprühten oft Funken an Tagen mit Schirokko und in jenen Nächten, in denen eine unnatürliche Hitze herrschte, wie vor einem Erdbeben, sagte sie. Wenn sie es, in den wenigen Stunden, die sie Schlaf fand, versäumte, ihre Haare mit dem Lappen zu befeuchten, wurden sie trocken und knisterten, so daß sie im Mondschein, der ins Zimmer flutete, aussahen wie ein großer Weißdornbusch, in dem das geheimnisvolle Tier ihres Atems verborgen war.

Sie eiferte also gegen keinen Mann, kein Kind oder Tier der Familie, sondern gegen den unerbittlichen Feind jener Jahreszeit, die Sonne, und so fuhr sie fort in ihrem Klagelied oder Stegreifgesang, der einem eigenen Rhythmus folgte: »Du verleitest mich zur Sünde! Den ganzen Tag und die Nacht kocht das Blut mir im Körper! Zorn und Zuchtlosigkeit rufst du in mir wach! Oder machst mich träge, bringst alle Lebensgeister und die Kraft in mir zum Erliegen! Oder läßt Flüche über meine Lippen kommen! Immer noch bist du des Schauspiels nicht überdrüssig, zu dem du mich zwingst: dich zuerst zu verfluchen und hinterher Gott um Vergebung zu bitten für meine Flüche!« Dann kniete die Großmutter, ihre Litaneien singend, nieder – oft wiederholte sie diese Geste im Laufe des Tages, wenn sie wußte, daß sie nicht von Erwachsenenblicken gesehen wurde.

Im Halbschlaf bemerkten wir an dem leichten Knistern ihrer Haare, daß sie sich kämmte. Sie hatte unterdessen Fenster und Fensterläden bis auf einen kleinen Spalt geschlossen, um unseren Schlaf vor dem Licht zu schützen und die aufgehende Sonne, die schon voll Eitelkeit ins Zimmer züngelte, daran zu hindern, es ganz in ihre Gewalt zu bringen. Sie erschien ihr einmal wie ein Drache, dann wieder wie ein Meeresungeheuer, dann wie ein sarazenischer Krieger; dann, als hätte sie sie vergeblich zum Knobeln herausgefordert, wie eine glühende Schere, ein feines Goldpapier, ein weißglühender Meteoritenstein, der mit schwindelerregender Kraft und Schnelligkeit im Vorüberollen alles niederwalzte.

Während sie sich die Haare auf dem Kopf feststeckte, verwandelte sich der feierliche Singsang in eine leise, süße Totenklage, nur von zärtlichen Küssen unterbrochen, wie es schien – so klang das Knistern ihrer Haare in jenem plötzlichen, willkommenen, noch kühlen Schatten, der unsere nackten Körper leicht erschauern ließ. Alles wirkte darin kristalliner, als bestünde es nur aus Geräuschen, aus bunten Visionen unter geschlossenen Augenlidern, einem schwindelerregenden Gefühl von Aufsteigen oder Fallen, und entbehrte gänzlich der Gerüche, des Geschmacks, der Tastempfindungen. Die Großmutter wandte sich an den Mond, der ihr während der Nacht mehrmals überaus bleich und leuchtend im Rahmen der weitgeöffneten Balkontür erschienen war, als lobte sie in einer zärtlichen Aufwallung eine junge Tochter.[1] Immer wieder sagte sie ihr, wie frisch und klar sie sei, wie bescheiden noch, wie mildtätig und barmherzig, denn in jener Nacht habe sie ihr die Sinne und die Glieder erfrischt mit ihrem jungfräulichen Schein; und daß sie nicht verstehe, absolut nicht verstehe, wie sie daran denken könne, einen Hausstand zu gründen, sich mit einem Ehemann zusammenzutun, einem Säufer oder Kriegstreiber oder Versager, der sogar noch mit dem Kleingeld knausern werde, obgleich er doch so viele Goldmünzen besitze, mit der Erstbesten werde er sie betrügen, einerlei ob Stern, Bestie oder Hure. Den Refrain zwischen den Strophen, die gewöhnlich aus

[1] Im Italienischen ist der Mond, *la luna*, weiblich und die Sonne, *il sole*, männlich. (Anm. d. Übers.)

vier Versen bestanden und in einer literarischen Sprache gehalten waren, sang sie im Dialekt (einer Mischung aus mittel- und süditalienischem Dialekt): »Non ti sposare, nenna mia, non ti sposare! / Ca è meglio sula ca cu isso stare« – Heirate nicht, meine Kleine, heirate nicht! / Denn besser lebst du alleine als in seinem Licht.

Mit atemberaubender Geschwindigkeit stürzten wir durch einen Brunnenschacht, in dem man nie den Grund zu erreichen schien, bis wir auf ein weiches Lager aus Luft fielen. Wir waren wieder eingeschlafen, kaum daß die Großmutter das Zimmer verlassen hatte. Unter dem Deckengewölbe hallten noch ihre letzten Worte nach, mit denen sie dem Mond dankte, ihr in jener Nacht einen Augenblick lang geholfen zu haben, das Grauen und die Last des Körpers zu vergessen und die Meute ihrer unablässigen Gedanken und Obsessionen auf die Himmelsweide geführt zu haben, denn diese drangsalierten sonst unaufhörlich ihr Gehirn, so daß manchmal Blutstropfen hervortraten – oft flehte die Großmutter in der Speisekammer, dem geheimsten Ort des Hauses, kniend darum, die Wundmale Christi zu empfangen, damit, so klagte sie, die ihrem Geist geschlagenen Wunden wenigstens allen sichtbar würden.

Wenn sie jedoch leisen Schrittes aus dem Zimmer ging, schien sie Last und Grauen, Ungeheuer und tierische Meuten mit fortzunehmen, als seien sie ein Kreuz, das auf ihren schmächtigen, eleganten Schultern ruhte: und uns ließ sie nur das Echo ihrer Klagelieder und Wehgesänge zurück, so deutlich, als würde es unendlich wiederholt von dem hohen weißen Gewölbe. Und zu unseren Füßen blieb die Katze, die uns in unserer Verwirrung riesig wie ein Tiger vorkam, aber ein harmloser, gezähmter. Und vielleicht war es ein Übermaß an Schrecken, das uns wieder einschlafen ließ, wie es Kindern manchmal im Boot bei Gewitter geschieht; oder ein Übermaß an Wollust, oder an Wollust und Schrecken zugleich, so wie sie manchmal im Karussell, in den Armen eines Erwachsenen, auf der Achterbahn einschlafen.

2. Abends auf dem flachen Dach stahlen wir uns heimlich fort von den Frauen und den Alten. Genauso machten es die anderen Kinder auf allen anderen Dächern des Dorfes, bis wir uns auf dem höchstgelegenen Dach zusammenfanden, auf das man nur mit Mühe klettern konnte und das die Erwachsenen deshalb verschmähten. Hier erzählten wir uns Geschichten, lachten ohne Grund, kauten Sonnenblumenkerne. Und immer war irgendein kleineres Kind dabei, verwegen und begierig, in unsere Rituale eingeweiht zu werden, auf das wir jedoch aufpassen mußten, damit es nicht hinunterfiel, wenn es unbedacht Purzelbäume schlug, um uns seinen Mut zu beweisen; oder ein junges Mädchen, das sich noch nicht entschließen konnte, unsere Gesellschaft für die der fleißigen, schwatzenden Frauen aufzugeben; oder ein unreifer Jüngling, dem die jungen Männer auf dem darunterliegenden Platz nie den Fußball zuspielten. Einmal kam ein fremder Junge zur Sommerfrische in unser Dorf – das war noch nie vorgekommen, weil wir so weit vom Meer entfernt und so abgeschieden waren, daß niemand von unserer Existenz zu wissen schien. Die Mutter des Jungen war hierhergekommen, weil sie außer ihm noch einen mongoloiden Sohn hatte, der auf den einsameren Wegen

bei uns ausgeführt werden konnte. Der Junge war dick, altklug und trug eine Brille. Noch hatten wir nicht entschieden, ob wir ihm gegenüber Respekt oder Verachtung empfinden sollten. Er eroberte uns eines Abends mit einer einleuchtenden Einteilung aller Dorfbewohner. Wo immer er sich befinde, erzählte er uns, pflege er die Menschheit in drei Kategorien einzuteilen, A, B, C, die jeweils noch einmal in drei weitere Kategorien unterteilt waren. Die Kinder gehörten gewöhnlich in die Kategorie A, die jungen Leute in B, die Erwachsenen in C. Es gab jedoch junge Leute, die noch in der Kategorie A waren, und Erwachsene, die noch zur Kategorie B gehörten, was in seinen Augen kein Verdienst zu sein schien.

Schließlich gab es noch solche, die in gar keine Kategorie paßten, zum Beispiel die Säuglinge, sein unglücklicher Bruder, der Dorfidiot, der drei Schafe auf die Weide führte, die Alten aus dem Armenhaus, eine Frau, die ab und zu mit einer Puppe im Arm auf unser Dach kam. Jeder von uns fragte nach den eigenen Freunden und Verwandten, und manche versuchten auch, die Antwort vorwegzunehmen, um festzustellen, ob sie das Prinzip begriffen hatte. Und als wir an der Reihe waren und nach der Großmutter fragten, antwortete er absolut sicher: keine Kategorie! Und auch wir paßten in »keine Kategorie«, da wir ihm vielleicht kleiner oder naiver vorkamen, als wir in Wirklichkeit waren.

3. Wie morgens beim Aufwachen fiel das Licht auch den ganzen Tag über nur gedämpft durch die Ritzen der Fensterrahmen und Fensterläden, und wir fühlten uns wie Weichtiere zwischen zwei leicht geöffneten

Muschelschalen. Der durchsichtige Lichtspalt, bald blau, bald golden, bald türkis, bald grün, dort, wo Fenster und Balkone auf die Bäume hinausgingen, war angefüllt mit einer flimmernden, flüssigen Substanz; sie wurde von den Augen aufgesogen wie ein Zauberelixier, das die Fähigkeit besaß, den Gedanken anzuhalten, ihn jeder Gezieltheit, jeder Absicht zu berauben.

Weit geöffnet blieben indessen alle Türen, und ein leichter Luftzug strich durch die Räume, was den Eindruck erweckte, als schwebe das Haus im Himmel oder reite auf den Wellen, wenn sich an Sommerabenden der Nordwestwind erhob.

Das Gefühl, im Innern einer großen Muschel zu leben, wurde durch die architektonischen Formen noch verstärkt: Bögen, Gewölbe, in die Wände eingelassene Nischen, die Wendeltreppe, die die Zimmer mit dem Dach verband, wie eine Spirale zwischen Erde und Himmel, und die Mittelpunkt oder Seele des Hauses zu sein schien, die Rundbögen an der Loggia, gleichsam der gewellte Muschelrand.

Daher fühlte man sich in jenen Räumen nie so, als säße man in einer Höhle, im Gefängnis oder in der Falle.

Die Schmähreden, die Klagen und die flehentlichen Gebete der Großmutter unterbrachen mit ihrem tragischen Gesang die Stille der menschenleeren Zimmer oder das Schwatzen der Frauen. Die Gewölbe selbst schienen ihn heraufzubeschwören, um die krankmachenden und bösen Geister aus den Räumen zu vertreiben und unsere Verbindung mit Gott stets aufrechtzuerhalten. Daher wirkten die Räume weit mehr durch jenen Gesang feierlich und geheiligt als wegen der geweihten Ölzweige, die über den Türen und den

Kopfenden der schwarzen Eisenbetten hingen, oder wegen der männlichen und weiblichen Heiligen, die uns von den Wänden herab heiter, nachdenklich und wohlwollend betrachteten.

Auf ihrem Nachttisch hatte die Großmutter, geschützt unter einer Glasglocke, eine Jungfrau Maria mit rosigem Bäuerinnengesicht stehen, die ihr Gesellschaft leistete und mit der sie sich zu unterhalten pflegte wie mit einer jüngeren Schwester. Obwohl ein Papst es viele Jahre zuvor untersagt hatte und es also in den Kirchen nicht mehr Brauch war, die Madonnen zu den verschiedenen Anlässen des liturgischen Kalenders auszuziehen und ihnen jeweils andersfarbige Gewänder anzulegen, tat die Großmutter es dennoch. Am Karfreitag wurde die Madonna schwarz gekleidet. Dabei wurde uns ihr Körper enthüllt, der nur aus einem Holzkreuz mit Handgelenken und Händen aus Porzellan an den Enden bestand; Füße hatte sie gar keine. Die Großmutter erlaubte uns, ihr zu helfen; doch kam es uns vor, als würden wir eher als eine Puppe eine Tote anziehen: und an dieser heiligen Einkleidung, die uns sehr beunruhigte, nahmen auch die Buben teil, die es sonst verschmähten, mit Puppen zu spielen.

Nachdem die Madonna schwarz eingekleidet worden war, zog sich die Großmutter, nur an jenem Tag des Jahres, weiß an: sie streifte einen langen Krankenschwesternkittel über, der noch aus der Zeit stammte, in der sie als Freiwillige beim Roten Kreuz tätig gewesen war. Sie bereitete sich nämlich darauf vor, Fladen, Torten und süße oder ländliche Brote für den Ostertag zu backen, und auf dem Weiß würde man die Mehlflekken nicht sehen. Plötzlich also verwandelte sich die Trauer in ein Fest, wie es immer geschah, wenn jemand gestorben war und Verwandte und Freunde kamen und gehaltvolle Speisen und besondere Leckerbissen in das vom Unglück betroffene Haus brachten, um die niedergeschlagenen Bewohner zu nähren und zu trösten; dann allerdings mußten wir beim Essen schweigen; oder wenn nach dem Tod eines Familienoberhauptes die Hinterbliebenen Haus und Dorf verlassen mußten, um bei fernen Verwandten oder im Internat zu leben, und einige Wochen lang alle Hühner, Truthähne, Tauben und Kaninchen geschlachtet und verzehrt wurden, bevor es auf die Reise ging.

Manchmal erlaubte sie uns, ihr beim Rühren und Kneten des Teigs zu helfen.

So schrieb sich die Heilsgeschichte in das Alltagsleben ein, und das Gefühl des Todes konnte zusammen mit den Gaumenfreuden bestehen und auch mit der zweideutigeren Freude, die wir beim Teigkneten empfanden und die gleichzeitig mit Eros, Gebet und Kunst zu tun hat.

4. Die bauliche Aufteilung selbst bewirkte, daß das Haus drei Reiche umfaßte, das der Unterwelt, das irdische und das himmlische. Das Dach wurde »der Himmel« genannt, wenn es flach war; und war es gewölbt, wirkten die Kuppeln, auf denen wir saßen, nachts wie eine Nachahmung des Himmelgewölbes – kleine Turmalinsplitter glitzerten darauf, unter den Mörtel und unter den Bimsstein gemischt. Viele Arbeiten wurden dort oben verrichtet, und immer wurden die Abende dort verbracht.

Die Zisternen, eine im Haus, die das Wasser zum Trinken und Kochen enthielt, eine draußen, die das Wasser für die Tiere und um sich zu waschen enthielt, stellten für uns die Verbindung mit der Unterwelt her. Wenn sie nicht schon trocken waren, wurden sie Ende August ausgeleert, geweißt und von den Herbstregenfällen aufs neue mit Wasser gefüllt. Nachdem sie ausgeleert worden waren, durften wir hineinsteigen. Wir fragten uns, in welchem ihrer Abgründe sich die Hausgeister verborgen hielten, die *monacielli* und *monacelle*, »Mönchlein« und »Nönnchen«, genannt wurden. Man brauchte sich nicht vor ihnen zu fürchten, sie beschränkten sich auf kleine Scherze, indem sie zum Beispiel die Schere, die Schlüssel, die Sicheln versteckten; manchmal waren sie sogar sehr wohltätig, indem sie einen Geld finden ließen. Wenn in einem Haus Geld gefunden worden war, sagten nur die Ungläubigen, daß es sich um Habe handelte, die die Vorfahren auf der Flucht vor den Sarazenen versteckt hatten.

Unser neuer Spielgefährte, der altkluge Junge mit der Brille, lehrte uns noch eine andere Art, die Leute einzuteilen: Wer den Eimer in den Brunnen warf, indem er ihn mit zwei Händen umgekehrt hielt und plötzlich losließ, so daß er sofort unterging und sich füllte, war kühn; wer ihn dagegen ganz langsam hinuntergleiten ließ und ihn, wenn er mit dem Boden die Wasseroberfläche berührte, durch einen leichten gekonnten Ruck am Seil umdrehen und schnell füllen konnte, war mit normalem Mut und Geschick begabt; wer schließlich den Eimer nicht mit einem Ruck umdrehen konnte und, da er ihn nur auf dem Wasser gekippt hatte, geduldig wartete, bis er sich füllte, war faul und verweichlicht. Weitere Unterscheidungen machte er zwischen Leuten, die die Orangen mit dem Messer, und solchen, die sie mit den Händen schälten, und wenn mit dem Messer, ob sie die Schale sternförmig oder spiralförmig einschnitten. Jedes Laster und jede Tugend, jeder Fehler und jede gute Eigenschaft, lehrte er uns, besaß auch eine Kehrseite oder ein Gegenteil; so konnte es leicht geschehen, daß die Kühnen in ihrem Schwung nicht nur den Eimer, sondern auch das Seil in den Brunnenschacht hinunterwarfen; da wurde die Kühnheit dann zu Unvorsichtigkeit und dummer Unbedachtheit.

Wir verloren den Jungen nach jenem Sommer aus den Augen, vielleicht ist ein großer Prediger, ein Philosoph, ein Psychologe oder ein Wissenschaftler aus ihm geworden. Wir benutzten weiterhin seine Kategorien, und vielleicht werden sie heute noch von den Kindern im Dorf benutzt, weitergegeben von Generation zu Generation.

Nach den ersten Regenfällen wurden Aale in die geweißte Zisterne geworfen; ihre Aufgabe war es, das Wasser zu reinigen. Diese gierigen Kinder der dunklen, feuchten unterirdischen Höhlen, die, wären wir in die Zisterne gefallen, nicht gezögert hätten, uns zu beißen, sorgten dafür, daß wir mit das klarste Wasser im ganzen Dorf hatten, so daß viele, die ihre Zisternen weniger sorgfältig pflegten, kamen, um davon zu trinken, und es sogar dem Wasser der Quellen im Wald vorzogen, die im Winter manchmal verunreinigt waren, weil der Regen Schafs- und Kuhmist darin aufgelöst hatte.

Die Großmutter versäumte es nie, aus allem moralische Lehren zu ziehen und uns zu ermahnen; die bösen Geister, die in uns wohnten, zum Beispiel, glichen den Aalen in der Zisterne, und wie es mit ihnen geschehen war, mußten wir uns bemühen, die Geister zu zähmen und nutzbar zu machen. So mußte der Geiz in Sparsamkeit verwandelt werden, die Verschwendungssucht in Großzügigkeit, der Zorn in Empörung gegenüber dem Bösen, die feige Klage in Gebet, die Naschhaftigkeit in gesunden Appetit, die Verschlagenheit in Gewandtheit und Geschicklichkeit.

5. Die Bauweise und Form der Häuser, das milde Klima und die Abwesenheit der Männer, die durch den Krieg von uns ferngehalten wurden, brachten es mit sich, daß viele Arbeiten der Frauen, Kinder und Alten im Freien verrichtet wurden, auf der Tenne, der Loggia oder den Dächern, sommers wie winters; Tomaten schneiden, um sie in Flaschen zu füllen oder zum Trocknen auszulegen, Mandeln schälen, die Kartoffeln in Stücke schneiden, bevor sie gepflanzt wurden, die Trauben in den Bottichen mit den Füßen zerstampfen, Reisig sammeln, Holz hacken, Bohnen enthülsen, Wäsche waschen, an den Quellen Wasser schöpfen, sich abends die Füße waschen, mit Maisblättern der neuen Ernte Matratzen herstellen, die Wollmatratzen klopfen und die Federkissen aufschütteln an Tagen, an denen kein Wind ging und an denen auch der Abfall verbrannt wurde, damit keine Brände entstehen konnten.

Wegen dieser und tausend anderer Alltagstätigkeiten, die sich unter freiem Himmel abspielten, waren die Türen der Häuser niemals geschlossen, auch im Winter nicht, nur nachts machte man sie zu. Die Großmutter war im übrigen, obgleich sie ihre Trägheit beklagte, immerfort beschäftigt, daher war ihr nie zu kalt, sondern höchstens zu heiß. Und auch wenn draußen, selten, einmal Frost herrschte, war unser erster Gedanke am Morgen hinauszulaufen, um zu sehen, ob das Zitronenwasser mit Zucker, das wir über Nacht auf das Mäuerchen des Laubengangs gestellt hatten, zu Eis gefroren war; es erschien uns wie ein Wunder, wenn es uns gelang, allein jene Köstlichkeit herzustellen, die man im Sommer dagegen kaufen mußte.

Die Schwellen der Häuser, die immer offenstanden, nur geschützt von Vorhängen aus dünner bunter Baumwolle, aus Sackleinen oder aus feinen Metallketten, waren dennoch unverletzlich; niemand hätte es gewagt, in Abwesenheit der Bewohner einzutreten, denen man sich durch Rufe ankündigte. Ebensowenig hätte jemand gewagt, die Häuser der Auswanderer zu schänden, die vor ihrer Abreise, um in den Jahren, die sie von der Rückkehr trennten, keine Steuern zahlen zu müssen, Türen und Fenster eingeschlagen hatten; allerdings war es erlaubt, sich dort aus den äußeren Zisternen Wasser zu holen.

Wie das Meer konnten wir in jene stumm daliegenden Muscheln nur mit unserer Vorstellungskraft eindringen und mit dem Echo, das auf unsere Rufe zu uns zurückkam. Das lehrte uns, die Geheimnisse der anderen zu achten, auch wenn sie uns ihr Herz öffneten. (Es ist uns dann geschehen, daß die stets offene Schwelle unseres inneren Hauses von denjenigen, die es gewohnt waren, in hermetisch abgeschlossenen Häusern zu leben, als Aufforderung, ungefragt einzutreten, mißverstanden wurde – so wie es, als der Fremdenverkehr unsere Dörfer erreichte, geschah, daß die Häuser der Auswanderer geplündert wurden und ihre geringen Habseligkeiten in den Häusern von Bourgeois und Künstlern oder bei Antiquitätenhändlern landeten.)

6. Es war uns erlaubt, mit einem Stück Kreide oder einer kleinen Ahle auf den Rauchfang des Backofens und die rußgeschwärzte Mauer rundherum zu schreiben; oder im Winter mit dem Finger auf die vereisten Scheiben. Nie auf die Außenmauern oder die weißgekalkten Wände im Haus. Und da die Wände und die Gewölbe hoch, kahl und frei von Zeichen waren – Heiligenbilder, Photographien von Verwandten, Ornamente oder sonstigen Wandschmuck gab es kaum – und die Räume nur karg möbliert, war die von Bedeutungen besetzte Welt viel kleiner als die ungedeutete. In den Häusern der Onkel und Tanten in der Stadt dagegen, wohin wir nach dem Krieg hin und wieder zu Besuch fuhren, war es umgekehrt – von außen wirkten sie in ihrer barocken Fülle von Treppen, Bogengängen und Loggien wie eine faszinierende und absurde Vergrößerung unserer Häuser, doch innen waren sie erstickend, vollgestopft mit Zeichen: farbigen Tapeten, schweren Vorhängen, vergoldeten Spiegeln, Bildern, Teppichen, Nippes, und wir kamen uns dort klein und unbedeutend vor, so als wäre schon alles vollgeschrieben und als gäbe es für uns in der vergangenen, gegenwärtigen und zukünftigen Geschichte keinen Platz mehr.

Auch der Lärm war geringer als die Stille, die in der Dämmerung, wenn die Zikaden schwiegen und die Grillen ihren Gesang noch nicht begonnen hatten, so groß war, daß man den Atem der gerade gegossenen Hortensien und Basilikumpflanzen vernehmen konnte, während sie sich unmerklich vollsogen und wieder aufrichteten.

Die Vielfalt in der Eintönigkeit zu erkennen lehrte uns schließlich die Betrachtung der Flammen im Kamin, der häufig sich regenden Funken im Kohlenbekken, der Blättchen der Olivenbäume, so heiter in der Abendbrise; oder während der Stürme, wenn sie aussahen wie die Haare von Frauen, die vor Trauer und Verzweiflung krampfhaft den Kopf schüttelten, oder von Sabinerinnen, die sich auf dem Pferderücken aufbäumten.

Ihr silbriges Glitzern schien ein Ereignis anzukündigen, während unsere Plaudereien auf dem Dach allmählich verklangen. Ein Kind wurde geboren, das Kind unseres Schlafes, das süß zwischen unseren fröstelnden Armen heranwuchs und das wir, nachdem wir es mit einem Tüchlein zugedeckt hatten, mit ins Bett nahmen und beim Einschlafen fest an uns drückten. Sowohl der Pfarrer als auch der Arzt hatte den Müttern verboten, ihre Säuglinge zu sich ins Bett zu nehmen, aus Furcht, sie könnten sie im Schlaf versehentlich erdrücken; und die Großmutter sagte uns, daß die armen Kleinen, von ihren Müttern getrennt und in die kalten Wiegen verbannt, in den Armen der Kinder erschienen, wenn diese in den Schlaf hinüberglitten, um sich von ihnen trösten zu lassen. So hatten wir manchmal unter der weißen Wolke des Moskitonetzes, während wir einschliefen, die Arme liebevoll um einen Traum gelegt.

7. Das Klo, ein Stehklo, befand sich immer außerhalb des Hauses; ein kleiner Raum, hoch und eng, entweder ans Haus angebaut oder einige Meter entfernt davon neben einem schönen Baum oder Strauch, einem Oleander, einem Rosenbusch, einem Hibiskus; nie jedoch neben einem Feigenbaum, den die Schlangen besonders lieben. Eine Seite war offen und ohne Tür, nur

von einer Strohmatte geschützt, seltener durch einen Vorhang, um zu vermeiden, daß sich die Kinder in ihrer unvermeidlichen Ungezogenheit daran abputzten. Über der Schüssel aus gebranntem Ton oder an einer der Seitenwände öffnete sich ein ovales Fensterchen ohne Glas. An Regentagen rannte man hinüber, von einem Schirm oder einem Wachstuch geschützt. Nie begleiteten Ekel oder Grauen unsere Ausscheidungen, die ja zudem in der Senkgrube endeten und für die Felder nützlich waren. Wenn man urinierte, vermischte sich das Plätschern des vom eigenen Körper erzeugten Wasserstrahls mit dem Zirpen der Grillen, schien es melodisch zu untermalen; und an heißen Sommernachmittagen konnte man sich vorstellen, das Plumpsen des Kots gliche dem einer überreif vom Baum gefallenen Birne. Da es so luftig war, stank es in dem Klo nicht, vielleicht hing das aber auch mit unserer Ernährung zusammen, die vorwiegend aus Getreide, Hülsenfrüchten, Gemüse und Obst bestand. Der Geruch, der dort herrschte, war dem der nahen Schweine-, Kaninchen- und Eselställe nicht unähnlich. Daher wirkte das Klo wie der kleine Stall des Tierchens, das in unserem Körper wohnte.

Doch so hoch, dunkel, still und feucht wirkte es auch wie die geheime Kammer eines Tempels – oft gibt es solche unter dem Hauptaltar –, wo man in die Mysterien des Todes und der Auferstehung des Fleisches eingeweiht wurde.

Unverständliche Verse, gelesen auf dem Zeitungspapier, das in kleine Rechtecke zerschnitten dort an einem Nagel hing, wurden feierlich aufgesagt und begleiteten den Ablauf des Rituals. Und wenn es vorkam, daß wir das Örtchen nachts aufsuchen mußten, versäumten wir auch halb im Traum niemals, ein Steinchen durch das kleine ovale Fenster zu werfen, bevor wir hineingingen, um dem Hausgeist, falls er gerade da war, zu bedeuten, er möge herauskommen und uns den Platz überlassen. Denn aus den Tiefen der Zisterne konnte er natürlich in die der schwarzen Senkgrube eindringen, so wie man auch höllisch aufpassen mußte, sagte der Pächter stets, daß sich die eine der beiden so kostbar gehüteten Flüssigkeiten, indem sie durch den porösen Tuffstein sickerte, aus dem die Grundmauern des Hauses bestanden, nicht mit der anderen vermischte.

Übersetzt von Maja Pflug

Fabrizia Ramondino
Die Milchschwestern

Sagt mir, wo, in welchem Land
ist nun Flora im Fruchtgewinde?
Archipiade, nah verwandt der Thaïs,
sagt, wo ich sie finde?
Villon

1. *Villa Erminia*

Oben auf dem kleinen runden Hügel, bedeckt mit der dichten, niedrigen, für die mediterrane Macchia typischen Vegetation, erhob sich die Villa ganz weiß und unverhältnismäßig groß im Vergleich zur Landschaft und den Bauernhäusern ringsum, die wie Miniaturen für Weihnachtskrippen wirkten. Dennoch beherrschte sie das Tal nicht wie ein Schloß, und ebensowenig stellte sie die letzte irdische Stufe zum Himmel dar, wie ein Kloster oder eine Wallfahrtskirche. Die anderen Villen waren, ob sie nun auf den Höhen lagen oder unten in den Tälern, hinter Bäumen, Kletterpflanzen, Einfriedungsmauern, hohen Toren halb verborgen, wie die umsichtigen schönen Frauen von einst, die sich nie gänzlich entblößten. Nur die weiße Einsiedelei von San Costanzo, die Wallfahrtskirche Santa Maria della Neve und das verfallene Aragonierschloß wagten es in dieser Gegend, sich so nackt zur Schau zu stellen.

Die weiße Fassade, erdrückt von Rundungen, Kapitellen, Trompe l'œil und Giebeln, machte den Eindruck starrer und kalter Pracht, künstlicher Täuschung, sinnloser Verschwendung, dummer Laune: Daher ging von der Villa eher etwas Abstruses als etwas Geheimnisvolles aus. Noch gesteigert wurde die Verwirrung des Betrachters durch die drei restlichen Außenmauern, die so schlicht und gradlinig waren, daß sie aussahen, als seien sie für ein Sanatorium, ein Altersheim oder eine Klinik erdacht worden.

Deshalb vielleicht wurde die Villa, die *Villa Erminia* hieß – wie auf einer Inschrift an dem Giebel, der das Portal schmückte, zu lesen stand –, im Volksmund »Das Haus der Papazza« genannt, wegen einer Mischung von Päpstin[1] Johanna und Königin Johanna von Neapel, *Giovanna la Pazza*[2] vielleicht, denn seit Menschengedenken hatte darin keine schwachsinnige Frau gelebt. Nur die Urgroßmutter der jetzigen Besitzer hatte dort ihre letzten Jahre verbracht und war dort gestorben, und man weiß, daß alte Frauen, vor allem wenn sie Fremde sind und Gewohnheiten haben, die sich von den üblichen Gepflogenheiten unterscheiden, häufig für verrückt gehalten werden.

Im Frühjahr 1944, anläßlich der Geburt von Marlise, der Erstgeborenen von Signora Ersilia und Rechtsanwalt Alfonso Gargiulo, wurden die Fassade der Villa und das ganze Haus weiß gestrichen, die Zimmer etliche Tage gelüftet, die Daunenkopfkissen und die wollenen Matratzen aufgearbeitet. Bis zum Herbst, und vielleicht länger, sollte nämlich die Signora mit ihrem

[1] Ital. »papessa« (Anm. d. Übers.)
[2] Johanna, die Verrückte (Anm. d. Übers.)

Kind hier residieren. Ihre große Stadtwohnung in einem Palazzo im Stadtviertel Monte di Dio von Neapel war teilweise bei einem Bombenangriff zerstört worden, und der Beginn der Renovierungsarbeiten stand bevor. Der Mann der Signora, der die Stadt seiner Arbeit wegen nicht verlassen konnte, wollte sich trotz des bei den Arbeiten entstehenden Staubes behelfsmäßig in zwei Zimmern einrichten. Für die Signora und das kaum zwei Monate alte Kind, das außerdem von zarter Gesundheit war, wäre dies nicht tragbar gewesen.

Vielleicht wegen der Luft- und Ortsveränderung oder aus Kummer, fern von ihrem Mann und ihren neapolitanischen Freunden zu sein, blieb Signora Ersilia von einem Tag auf den anderen, nach einem heftigen nächtlichen Schweißausbruch wie von einem Fieber, bei dem sie in wenigen Stunden vier Hemden wechseln mußte, die Milch weg. In aller Eile suchte man eine Amme. Der Dorfarzt hatte geraten, statt der Flasche lieber eine Amme zu nehmen, weil die Bäuerinnen in der Gegend gesund und kräftig waren, und man fand leicht welche, die bereit waren, diesen Dienst zu leisten. Die Armut der Familien, die nur selten in wirkliches Elend mündete, war nämlich zugleich eine Garantie für Treue und Gesundheit. Er selbst würde ihr im Lauf des Tages nach gründlicher Untersuchung eine besorgen. Im Jahr zuvor waren viele Soldaten auf Urlaub zurückgekommen, und diese zwei Tage hatten für viele Kinder gesorgt. Er fügte hinzu, daß er in der Stadt eher zur Flasche geraten hätte, da dort nicht wie auf dem Land Hygiene, Gesundheit, Ehrlichkeit und gegenseitiges Vertrauen verbürgt wären.

Am Abend desselben Tages ging Maria Nunziata,

nachdem sie die Weinberge und einen von Ginster gesäumten Pfad hinter sich gelassen hatte, mit ihrem drei Monate alten Kind Giacinta auf dem Arm auf die Villa zu, die sie immer von ihrem Haus aus gesehen, die sie aber noch nie betreten hatte, erhitzt von der Steigung und betäubt von dem starken Duft der Oleanderbüsche, die dicht an dicht die Allee des rückwärtigen Gartens schmückten. Maria Nunziata hatte die Abkürzung vorgezogen, um rascher bei dem armen, hungrigen Geschöpf einzutreffen, und eine Nichte folgte ihr mit einem Köfferchen.

»Da ist sie! Da ist sie!« hörte sie es durchs Haus schallen, sowie sie auf der Schwelle zur Küche der Villa stehenblieb. Als die Dienstmagd ihrer ansichtig wurde, war sie davongelaufen, ohne sie auch nur zu begrüßen, um eilends der Herrin Bescheid zu geben, und die Amme legte nach einem Augenblick der Unschlüssigkeit ihr Kind in den Armen der Nichte ab und drang, von Treppe zu Treppe und von Zimmer zu Zimmer der Stimme nachlaufend, bis zum Bett der Signora vor, die das Kind, um sein Weinen zu beruhigen, an ihre Brustwarze angelegt hatte, bis das Baby, müde vom vergeblichen Saugen, schließlich eingeschlafen war.

Maria Nunziata war eine Frau mit strengen Grundsätzen, stets hatte sie den Rat gebildeter Menschen und des Priesters angenommen. Als der Pfarrer und der Arzt gekommen waren, um ihr Bescheid zu sagen, hatte dieser ihr sorgsame Körperpflege empfohlen und jener, das andere Kind zu behandeln, als sei es ihre Tochter, sonst würde sie eine Sünde begehen. Sie hatte daher, bevor sie losging, im Waschzuber in heißem Salzwasser gebadet, hatte eine der beiden geweihten Medaillen vom Hals ihrer Tochter abgenommen und sie für das andere Kind auf ein rosa Bändchen aufgefädelt.

So verteilte sie ihre Milch, ihre Fürsorge und ihre Zärtlichkeiten streng gerecht. Sie unterdrückte jede spontane Regung gegenüber Giacinta. Auch schien sie nicht zu bemerken, daß Marlise doppelte Pflege und doppelte Zärtlichkeiten zuteil wurden, da zu den ihren die ihrer Mutter hinzukamen.

Signora Ersilia war in Sorrent und Capri eine der Frauen à la mode gewesen. Sie hatte einen wundervollen Körper – der Ruhm ihrer Beine war sogar bis in die römischen Salons gedrungen –, groß, schlank und zugleich kräftig und sportlich, eine ganz leicht mit Sommersprossen betupfte Haut, blonde Haare mit rotem Schimmer, die sie in der Mitte gescheitelt und gekräuselt trug. Ihr Gesicht glich mehr dem einer Angelsächsin als dem einer Südländerin – und in der Tat munkelte man viel darüber, wer ihr Vater sei –, mit einer anmutigen Stupsnase und einem frischen Lächeln, das das Zahnfleisch entblößte und das die Männer sehr anziehend fanden: Sie waren nämlich Natürlichkeit so wenig gewohnt, daß ihnen der einzige nicht künstliche Ausdruck dieses Gesichts einstudiert erschien, und zwar allein, um sie zu verführen. Die grünen Augen waren, wie böse Zungen behaupteten, zu klein, fast wie zwei Schlitze, in die sich der stechende Blick zurückzog, und oft schlug sie die Augenlider nieder, nicht aus Ziererei, wie oberflächliche Betrachter meinten, sondern weil sie vielleicht schon zu viele Dinge gesehen hatte. Wirklich hatte sie als Kind und als Mädchen schon ihr blaues Wunder erlebt, und zwar ohne dazu an den Türen lauschen zu müssen. So wie es Körper gibt, die die Schönheit des Gesichts und die Tiefe des

Blicks auslöschen, gibt es Gesichter, die nur als Einführung in den Zauber des Körpers dienen. In dieser Weise hatte sie ihr Gesicht formen wollen, da sie durch die käufliche Liebe, in die ihre Mutter sie eingeführt hatte, seit früher Jugend den ganzen Wert ihres Körpers begriffen hatte: Er war das einzige Gut, das sie besaß. Als Mädchen war sie nämlich sehr arm gewesen, von modischen Männern und Frauen ausgehalten worden; die außerordentliche Eleganz ihrer Manieren und Kleidung verdankte sie also einzig und allein ihrer mondänen Intelligenz. Es war eine eklektische, unkonventionelle Eleganz wie die der großen Kurtisanen, die in der Halbwelt den Ton angaben. Ihre Schuhe aus Stoff und Bast mit um die Fesseln gebundenen Bändern, ihre grellbunten Strümpfe, ihre seidenen Pyjamas wurden in den Villen und in den exklusivsten Lokalen an der Küste nachgeahmt ebenso wie die türkischen Diwane und der Jazz, der ihre gepflegten Parties untermalte.

Sie war über dreißig, als Alfonso Gargiulo, ein bekannter Rechtsanwalt, als Mann so schön, wie ein Maupassant ihn für eine seiner Erzählungen erfunden hätte, sich in sie verliebte, und den gängigen Vorurteilen zum Trotz – er hatte vor allem ein gutes Herz und neigte dazu, gute Gefühle und Besitz eher zu verschleudern als anzuhäufen – wollte er sie heiraten. Wie alle Kokotten erwies sie sich als treue Ehefrau und sah geschickt, mit scheinbarer *insouciance*, mit Sorglosigkeit über die Seitensprünge ihres Mannes hinweg. Sie war jedoch eine ausgezeichnete Bettgenossin, und Marlise war das erste von vier Kindern.

Maria Nunziata war von dunklem Teint, klein von Wuchs, mit strengem Ausdruck und strengem Blick, sie hatte lange blauschwarze Haare, die ihr bis ans Ende des Rückens reichten und die sie, zu einem Zopf geflochten, um den Kopf gelegt trug. Wenn sie sie löste, wurde sie zu einem Geschöpf des Waldes, einer Art afrikanischer Eva. Denn ihre Haare waren kraus, ihre Gesichtszüge die einer Berberin. Ihr Gang war außergewöhnlich elegant, ihr Kopf schien auf dem Hals zu schaukeln wie der eines Kamels. Der Vater verheiratete sie mit einem Unbekannten während eines Heimaturlaubs – es ging dabei um aneinandergrenzende Felder und Weideland auf dem Berg. Nach der Hochzeitsnacht mußte der Soldat wieder an die Front zurück. Signora Ersilia fragte sie eines Tages, ob sie ihren Mann liebe und Sehnsucht nach ihm habe. Maria Nunziata sagte, daß sie ihren Vater und ihre Mutter liebhabe, aber daß sie keine Sehnsucht nach ihrem Mann habe, weil sie ihn nur einmal wie im Traum gesehen hätte, und daß sie von ihm das Kind habe, das seinen Namen trug.

Signora Ersilia dagegen verspürte große Sehnsucht nach ihrem Mann und ihrer beider Leben in Neapel, in Wirklichkeit war sie für das mondäne Leben geeigneter als für die Mutterschaft. Sie hatte nämlich nie erfahren, was es heißt, Kind zu sein. Marlise und die anderen Kinder, die folgten, waren das Zubehör zu der neuen Rolle einer ehrbaren Frau, die zu spielen sie sich vorgenommen hatte. Dort auf dem Lande eingeschlossen, fürchtete sie nicht so sehr die Seitensprünge ihres Mannes, die sie stillschweigend voraussetzte, da sie ihn als großen Schürzenjäger kannte, sondern vielmehr die reizvollen Eigenschaften zu verlieren, die ihn fasziniert hatten. Deshalb ließ sie sich unter großer Willensanstrengung nicht gehen. Von der Last des Stillens befreit, setzte sie sich zuallererst auf Diät und machte lange Spaziergänge, um die während der Schwangerschaft zugenommenen Kilo wieder abzunehmen. Viele Stunden widmete sie der Pflege des Gesichts und des Körpers und der Umgestaltung des Hauses, in dem zwei Zimmer sehr bald das kahle oder pompöse Aussehen, das ihnen eigen war, verloren, da sie sie nach Gesichtspunkten des guten Geschmacks und des Komforts einrichtete. Obgleich die bürgerlichen Familien, wie sie in die Villen geflüchtet, sie tödlich langweilten, bemühte sie sich, mit den wichtigsten von ihnen Freundschaft zu schließen, denn sie wußte, daß es ihrem Mann im Beruf und späterhin ihren Kindern nützlich sein könnte. Von einem Boten ließ sie, um ihren Mann nicht zu belästigen, wenn er reiste, aus der befreiten Stadt Zigaretten, Liköre und andere Schmuggelwaren holen, damit sie ihm etwas anbieten konnte, wenn er kam, und um ihre Abende zu beleben, zu denen sie die weniger dummen Nachbarn einlud. So bemühte sie sich ihr Leben lang wie in einem Beruf oder an einer Arbeitsstelle, für ihren Mann in der Rolle als Mutter ebensogut und gewissenhaft zu erscheinen wie in der Rolle als Ehefrau. Schließlich begann jedoch die Badesaison.

Weil sie überzeugt war, daß der Duft der Oleanderbüsche trotz seiner Süße das gleiche bittere Gift enthalte wie die Blätter und die Blüten der Pflanze, brachte Maria Nunziata die beiden Kinder lieber weit weg vom Haus in ein Pinienwäldchen. Hier hatte sie mit Hilfe der Nichte eine Laube aus Zweigen errichtet, wo sie, wenn das Wetter schön war, fast den ganzen Tag zubrachten. Signora Ersilia war nämlich eine Gesundheitsfanatikerin, und ihr lag daran, daß das Kind bei dem milden Klima soviel wie möglich an der frischen Luft war.

Die ganze Saison war phantastisch. Es regnete fast nie, so daß die Blätter der Zitronen- und Orangenbäume sogar im Mai noch grau waren von der Asche, die der Wind bei einem Ausbruch des Vesuvs bis dorthin getragen hatte. Die beiden Kinder hatten rotbakkige, runde Gesichter. Marlise war blond und hatte wie die Mutter grüne Augen. Giacinta war dunkel und hatte schwarze Augen. Maria Nunziatas Nichte trug die Kinder, nachdem sie gestillt waren, abwechselnd unter den Pinien spazieren und hütete sie, während sie schliefen oder wenn Maria Nunziata zum Essen in die Küche ging.

Einmal im Monat kamen Maria Nunziatas Vater und ihre Schwiegermutter zu Besuch. Bevor sie wieder gingen, nahmen sie aus Signora Ersilias Händen den Lohn in Empfang. Die Schwiegermutter sagte zu Maria Nunziata: »Hab keine Angst, wenn mein Sohn zurückkommt, macht er dir einen Jungen. Er kommt bald wieder, werde nur nicht traurig ...« Aber Maria Nunziata empfand keine Traurigkeit. In ihrem kurzen Leben, so schien ihr, war sie nie so glücklich und zufrieden gewesen.

Am Ende des Herbstes folgten Maria Nunziata und Giacinta der Signora nach Neapel. Sie blieben bis 1947 bei ihr im Haus, bis Maria Nunziatas Mann aus dem Gefangenenlager in Texas zurückkam.

Signora Ersilia wollte nie mehr in die *Villa Erminia* zurück. Und da auch ihr Mann die Villa, sie war zu sehr mit seiner eigenen Familie verbunden, von der er hatte Abstand gewinnen wollen, nicht liebte, wurde ihre Weigerung nicht als Laune ausgelegt. Stets machte die

Signora jede erdenkliche Anstrengung, um ihre Launen als Notwendigkeiten erscheinen zu lassen, zum Glück waren sie nicht derart und nicht so viele, daß sie sich nicht mehr den Erfordernissen der Kinder und des Mannes beugen konnte. Die Villa wurde verkauft und dafür eine andere in Sorrent erworben. So sahen Giacinta und Marlise, die die ersten drei Jahre ihres Lebens wie Schwestern zusammengelebt hatten, sich nie mehr.

Maria Nunziata weinte und wehklagte beim Weggehen, die Signora versuchte sanft, ihr Marlise vom Hals zu reißen, während der Ehemann der Frau, der sie abholen gekommen war, sie am Arm zog, bis sie es verstört geschehen ließ.

2. *Marlise*

»Willst du mit mir auf eine große Reise gehen?«

»Ich würde dir bis in die Hölle folgen!« antwortete ihm Marlise lächelnd, wobei sie in melodramatischem Ton einen effektvollen Satz wiederholte, den sie in einem billigen Roman gelesen hatte.

Signora Ersilia hatte sich nach dem Tod ihres Mannes einige Monate mit den Kindern nach Sorrent in die Villa geflüchtet. Er hatte in den letzten Jahren falsch spekuliert, so daß sie nach seinem Tod, da ja nun auch sein berufliches Einkommen fehlte, das Haus in Monte di Dio hatte verkaufen müssen. Während sie wartete, daß eine andere, kleinere Wohnung freiwürde, und auch, um sich zu zerstreuen – es war Sommeranfang –, wählte die Signora Sorrent. Sie wäre lieber nach Capri gegangen, denn Sorrent war inzwischen unmöglich geworden, die Orangengärten durch Bauspekulanten zerstört und voll vulgärer Leute, aber in Capri hatte sie kein Haus, sie hätten ein Hotel bezahlen müssen. Mit Sehnsucht dachte die Signora an Capri. Gerade in diesem Frühling, einen Monat, bevor ihr Mann starb, hatte er an einem Samstag zu ihr gesagt: »Morgen fahren wir nach Capri, ich will die Blumen sehen.« Der Signora war dieser Satz seltsam vorgekommen, ihr Mann hatte sich nie um Blumen gekümmert.

Marlise war soeben aus England zurückgekommen, wo sie in Cambridge einen Sprachkurs besucht hatte. Sie hatte nicht den regulären Studiengang absolviert – keinem in der Familie lag etwas daran, daß die Töchter studierten –, hatte das Mariahilf-Gymnasium verlassen, bevor sie das Reifezeugnis erlangte. In Sorrent hoffte die Mutter, einen Mann für sie zu finden.

Sie war eines der schönsten Mädchen am Platz, hatte sie doch außer dem wundervollen Körper der Mutter auch ein überaus schönes Gesicht: regelmäßige Züge, eine klassische Nase mit leicht barocken Rundungen an den Nasenflügeln, was ihr jedoch gut stand, da es ihre edle Strenge milderte. Die großen Augen mit dem zärtlichen und schmachtenden Blick waren grün, während der Blick der Mutter stechend oder mißtrauisch war, stets unter den halbgeschlossenen Lidern verborgen wie bei den Katzen, die so tun, als schliefen sie, aber sprungbereit auf der Lauer liegen, und ein unschuldiges und zugleich wie unfreiwillig wegen dieser gehäuften natürlichen Gaben sinnliches Lächeln lag um ihren Mund.

Sie liebte in der Kleidung diesen Stil einer *jeune fille*, den die Mutter ihr gerne aufgezwungen hätte, nicht, fast als ahne sie, unbewußt der Mutter Vergangenheit nacherlebend, daß diese niemals eine *jeune fille* gewesen war und ihr genau deshalb diese verspielten Uniformen aufdrängen wollte – karierte und fein gestreifte Kleider mit weißem Krägelchen, viereckige Ausschnitte an gesmokten Oberteilen, von dünnen Trägern oder Schleifen gehalten –, in denen sie nicht nur Scheinheiligkeit zu erkennen vermeinte, sondern auch eine größere Arglist als bei den erwachseneren Kleidern ihrer Freundinnen. Oder vielleicht ahnte sie auch, daß die Mutter auf ihre Jugend und Schönheit eifersüchtig war, besonders jetzt, da der Vater tot war und sie nicht mehr in seinen Augen als exemplarische Ehefrau und Mutter erscheinen mußte.

Sie hatte also lieber prächtige Stoffe mit orientalischem Muster, Hosen aus glänzender Seide, Blusen, fein wie Schleier, in Lila, Violett, Aquamarinblau. Die Mutter wagte nicht, ihr zu sagen, daß das, was sie trug, von schlechtem Geschmack zeugte: Die Tochter war von so blendender Schönheit, daß sie sich alles erlauben konnte. Der junge Mann, mit dem Marlise sich unterhielt, auf einer Yacht von Freunden neben ihm in der Sonne liegend, war etwa fünfundzwanzig Jahre alt, schön, sehr braun gebrannt, mit kleinen vorzeitigen Falten um die blauen, tiefliegenden Augen, deren Blick Marlise interessant, tief und gequält zu sein schien. Er war in der Werbung tätig, gebildet, fortschrittlich eingestellt, las eine Zeitung, die damals in diesen Kreisen Empörung hervorrief und die er – sie war großformatig – demonstrativ neben sich auf das blaue Frotteehandtuch legte. Er hatte nach dem Tod seines Vaters ein reiches Mädchen heiraten müssen, um seine Agentur eröffnen zu können, in der Zeichnungen von Albe Steiner und eine komplette Sammlung der Zeitschrift *Nord e Sud* ins Auge stachen. Seine Frau, nach der Geburt des Kindes von angegriffener

Gesundheit, war in Sestrière, er selbst besuchte jedes Wochenende seine Freunde in Sorrent.

Die große Reise, die sie zusammen machten, nach ein paar weiteren Yachtausflügen und einem nächtlichen Tanz in einer mit japanischen Lampions erleuchteten Grotte auf dem Privatstrand einer Villa, war ein Wochenende in Capri oder vielmehr in Anacapri, um weniger aufzufallen und nicht von den gemeinsamen Bekannten erkannt zu werden.

Marlise wurde schwanger. Sie sagte keinem etwas, am wenigsten ihm. Nur der Mutter erklärte sie, sie habe eine Anstellung bei einer wichtigen Agentur in Mailand gefunden, und zog in diese Stadt zu einer englischen Freundin, die tatsächlich in einem Reisebüro, auf Safari-Organisation spezialisiert, angestellt war.

Die Freundin besorgte ihr einen Posten als Gouvernante bei einem aus Apulien gebürtigen Industriellen, dem Ingenieur Rosario Mazzà, den sie anläßlich einer in Kenia organisierten Reise kennengelernt hatte und der seit kurzem verwitwet war, und seiner fünfzehnjährigen Tochter, Rosa Maria.

Die Wohnung der Familie Mazzà, am Anfang des Corso Venezia gelegen, war in einem Palazzo im ägyptisch-assyrisch-babylonischen oder aztekischen Stil gegen Ende des Jahrhunderts gebaut, nicht ohne klassizistische Reminiszenzen – einige ionische Kapitelle und zwei Giebel über den Seitengängen –, mit einem hohen, stets verschlossenen Haupttor, dessen eine untere Hälfte aus massivem schwarzen Holz war, während die zweite Hälfte mit einem arabeskengeschmückten Eisengitter abschloß, als wäre dieser Durchlaß aus Eisengeflecht nötig für die Seufzer und Klagen der dort drinnen eingeschlossenen Frauen.

Sie erstreckte sich über zwei Stockwerke des Gebäudes und war wuchtig und pompös eingerichtet. Kostbare antike Möbel wechselten ab mit Fälschungen, die skrupellose Antiquitätenhändler und dies billigende Architekten eingeschleust hatten. Manche Einrichtungsgegenstände, schwer und altmodisch, stammten aus der Familie der verstorbenen Signora Mazzà, in der man sich von Generation zu Generation den Beruf des Notars übertrug, sie hatte sie aus Liebe zum Vater nicht abstoßen wollen, aber es gab so viele Zimmer, daß für alles Platz war. Der Arbeitstisch, der dem Notar Curatoli gehört hatte, wurde von Holzskulpturen in Form von Frauenkörpern mit vorgewölbten Bäuchen, Tieren und geflügelten Ungeheuern gestützt, und die Schranktüren waren den geschnitzten Portalen alter Kathedralen nachgebildet. Hier war der Sekretär einquartiert. Signor Mazzàs Arbeitszimmer dagegen war in modernem Stil gehalten, nüchtern und mit gutem Geschmack eingerichtet, und zwei Akte von Picasso zierten seine Wände, Grüntöne herrschten vor, auch durch die aufgestellten seltenen Zierpflanzen, die sich auf der großen Kristallplatte des Schreibtisches spiegelten, und Signor Mazzà, dahinter sitzend auf seinem mit Rollen versehenen Drehstuhl, auf dem er sich ständig hin und her bewegte, um rasch zu den verschiedenen Knöpfen und Telefonen oder Karteikästen zu gelangen, wirkte wie ein geheimnisvoller Polyp, der einmal nachdenklich, einmal schlängelnd seine Fangarme nach der Beute ausstreckt. Und seine Augen von einem breiigen, stumpfen Grün sandten ein hartes und kaltes Licht aus. Die Badezimmer der Herrschaft waren schwarz gekachelt, hellblau, zum Glück, die der Dienstboten. Von einem dieser letzteren und von dem angrenzenden Zimmer, das wie eine Bonbonniere wirkte, ganz mit Einbauschränken ausstaffiert, die mit rosa Seide ausgeschlagen waren – auch der kleine, in die Wand eingelassene Schreibtisch und das kleine Bücherregal waren so bezogen –, nahm Marlise mit ihren beiden Koffern Besitz, und mit einer großen Last, die ihr auf dem Herzen und auf dem Magen lag. Die Schwangerschaft verursachte ihr nämlich weniger Übelkeit als vielmehr ein Gefühl von Beklemmung im Magen, als trüge sie Steine darin.

Im Hauptsalon oder zumindest in dem, der am häufigsten benutzt zu werden schien – hier hatte Marlise eine gewichtige Musiktruhe mit eingebautem Plattenspieler und Fächern voller Schallplatten bemerkt, frische Blumen in zwei Vasen, einen reichlich mit Likören bestückten Barschrank und eine offene Pralinenschachtel –, legte ihr Signor Mazzà, die Tochter neben sich, seine Situation dar und hielt ihr eine Ansprache. An der Wand, der sie gegenübersaß, hingen zwei Porträts: Eines stellte Signor Mazzà dar, das andere seine verstorbene Frau.

Nach diesem Gespräch ging Signor Mazzà auf eine lange Geschäftsreise.

Marlise und Rosa Maria gingen eine seltsame Bindung ein.

Rosa Maria war häßlich und plump – in allem glich sie dem Vater –, klein, untersetzt, ganz dunkel, mit Haaren, die sich, so kraus wie sie waren, jedem Versuch einer Glättung widersetzten, so daß sie es sich nicht im Traum einfallen ließ, neidisch zu sein auf Marlise, von der sie fasziniert war, wie man es von einem Engel sein kann, von Wesen aus anderen Welten, mit denen ein Vergleich undenkbar ist.

Daher wirkte in diesem Hause, bis zu Rosa Marias Hochzeit, Marlise wie die Infantin von Spanien und Rosa Maria wie ihre Magd oder ihre zwergenhafte Hofnärrin.

Signor Mazzà dagegen, der ein ausgezeichneter Geschäftsmann war und einen ausgeprägten Realitätssinn hatte, warf sogleich ein Auge auf die schöne Gouvernante, und dem Auge ließ er ohne Umschweife die Hände folgen. Er schenkte ihr auch sein Herz dazu, oder das, was von diesem Organ in ihm funktionierte.

Marlise war wie viele schwangere Frauen verträumt geworden. Ganz vertieft in das neue Leben, das sie in ihrem Schoß trug, schien sie sich in Zeitlupe zu bewegen, als hätte sie den Kontakt zur Umwelt, das normale Maß der Dinge verloren. Sie setzte sich über alles hinweg, vollkommen in Anspruch genommen von einem inneren Widerhall, vielleicht schon von den ersten Bewegungen des Kindes, oder die gewohnten Koordinaten von Raum und Zeit erschienen ihr wie unter Einwirkung einer Droge erschüttert. Noch im fünften Monat war die Schwangerschaft nicht zu sehen, wohl wegen der geschmeidigen Eleganz ihres Körpers und vielleicht auch, weil es nötig war, das Geheimnis zu wahren, und dies, ohne daß sie sich einschnüren mußte. Es schien nur, als hätte sie ein wenig zugenommen.

Sie empfand Signor Mazzàs Liebeswerben gegenüber weder Ekel noch Empörung und auch kein von Berechnung diktiertes Interesse. Wie es in manchen bizarren Träumen geschieht, erschien er ihr gleichzeitig wie ein Vater, ein Geliebter, ein Ritter ohne Fehl und Tadel, ein Freund, ein Komplize, ein Geschäftspartner, ein Familienvater, ein armer Mann.

Sie vertraute ihm ihr Geheimnis an.

Signor Mazzàs kleine grüne Augen blitzten auf. Und nach einem kurzen Augenblick des Hasses gegenüber seinem Rivalen empfand er unvermittelt ein intensives Glücksgefühl. Er überhäufte das Mädchen mit Geschenken und Zärtlichkeiten.

Als ihre Zeit gekommen war, sandte er sie zum Gebären in die Schweiz. Und er überredete ein unfruchtbares Ehepaar – der Mann war ein Geschäftspartner von ihm –, das Kind zu adoptieren, ohne das Geheimnis seiner Herkunft zu enthüllen.

Bei ihrer Rückkehr wurde Marlise vom Rang einer Gouvernante – Maria Rosa hatte inzwischen geheiratet – zur Privatsekretärin befördert. So konnte er sie in der ganzen Welt auf seinen Reisen mitnehmen und sie in den Häusern der Geschäftspartner und Freunde zeigen. Er wollte sie nie heiraten, überzeugt, daß das Treuepfand einer Geliebten sicherer ist als das einer schönen jungen Ehefrau.

Marlises Familie war in Schwierigkeiten. Die Mutter, unfähig, mit der verwickelten finanziellen Situation fertig zu werden, die ihr Mann ihr als Erbe hinterlassen hatte, hatte auch die Villa in Sorrent verkaufen müssen. Darüber hinaus war sie eine zweite Ehe mit einem Freund ihres Mannes eingegangen, einem Rechtsanwalt aus Sizilien, der ihr versprochen hatte, sich der drei kleineren Kinder anzunehmen, als seien es die eigenen, und Ordnung in ihre geschäftlichen Angelegenheiten zu bringen, aber der Bund gründete auf einem Mißverständnis: Er hatte geglaubt, eine reiche Frau und zudem eine ausgezeichnete Bettgenossin zu ehelichen, sie, einen brillanten Profi, der sie vor dem finanziellen und sozialen Untergang retten würde. Statt dessen war sehr wenig Geld da, und es gab häufig

Streit in ihrem Zusammenleben. Daher trennten sie sich sofort.

Jeden Monat traf jedoch zur Unterstützung von Signora Ersilia und ihrer Kinder ein Scheck von Marlise ein, gefolgt von häufigen Besuchen ihrerseits, bei denen sie den kleinen Geschwistern vorkam wie eine Fee, so schön, wohlriechend und freigebig mit Geschenken war sie. So konnten die Kinder ausgezeichnete Privatschulen besuchen.

Marlise, die wie in Trance oder im Traum in Signor Mazzàs Haus und in seinem Bett gelandet war, kam nie wieder aus diesem Zustand heraus. Der Alkohol, an dem sie anfangs wie eine Heranwachsende bei den mondänen Zusammenkünften nur genippt hatte, um erwachsen zu wirken und sich an die Sitten der Welt zu gewöhnen – Signor Mazzà war von außerordentlicher Vitalität, und sie lebten in einem Wirbel von Cocktails, Arbeitsessen, Reisen –, wurde ihr nach und nach unentbehrlich. Unmerklich und beinahe unbewußt wurde sie zur Alkoholikerin. In diesem Hypnosezustand war sie im Strudel der Feste und mondänen Anlässe wie eine leuchtende Blume im Knopfloch ihres Partners, und in den eigenen vier Wänden, in seinem Bett, verwandelte sie sich in eine Hexe oder in einen Engel der Geschlechtlichkeit, willig und rebellisch zugleich. Wenn sie mit Signor Mazzà auf Reisen war, kam es ihr auch so vor, als ginge sie mit ihrem Vater spazieren wie als kleines Mädchen, und die Kleider und Juwelen, die er ihr kaufte, schienen, da sie nie die Erfahrung, zu arbeiten und Geld zu verdienen, gemacht hatte, den Blechuhren und Puppenkleidern ihrer Kindheit zu gleichen.

Dies in der ersten Zeit. Später, als sie auf ihre Weise

erwachsen geworden war, verliebte sie sich wirklich in ihn und sah in ihm den Mann, der ihr bestimmt war. Ihre so kurze Jugendliebe und selbst das verlassene Kind kamen ihr wie Kinderspiele vor und nahmen in ihren Augen allmählich die Züge der Puppen an, mit denen sie als kleines Mädchen Mutter gespielt hatte. Gleichaltrige oder jüngere Männer, die sie umschwärmten und sie zu becircen versuchten, erschienen ihr wie ihre jüngeren Brüder: Menschen, die man umsorgen und durch die Gefahren der Welt führen mußte, nie wie mögliche Geliebte und Gefährten.

Signor Mazzà, völlig gesund und unermüdlich, starb mit fünfundsechzig Jahren an einem Herzanfall.

»Ich sterbe!« sagte er zu Marlise, die zum erstenmal Bestürzung in seinem Blick sah – auch in den Augenblicken der liebenden Hingabe konnte sie keine Schwäche in seinen Augen entdecken, weil er sie geschlossen hielt, so fest geschlossen, als blende ihn ein entsetzliches Licht –, und mit dem Kopf nach unten sackte er auf dem Bettrand zusammen.

In seinem Testament stand geschrieben, daß er Marlise eine Apanage von einer Million hinterließ, daß sie ihr aber nicht mehr ausbezahlt werden sollte, falls sie sich verheirate.

Als Signor Mazzà starb, das einzige Wesen, das Marlise durch seine Autorität zur Beherrschung zwingen konnte, verschwand jede Mäßigung beim Trinken. Sie betrank sich immer öfter und schneller. Alle sechs Monate ging sie zur Entgiftung in eine Klinik in der Schweiz. In den letzten Jahren, als Signor Mazzà noch am Leben war, hatte sich ihr Aussehen verändert: Sie war nicht eigentlich dick geworden, sondern aufgeschwemmt, und mit fünfunddreißig wirkte sie auch wegen ihres gluckenhaften Verhaltens wie eine Hausfrau und Mutter vieler Kinder, verbraucht durch die häusliche Abgeschlossenheit. Dieser Verfall wurde krasser nach Signor Mazzàs Tod – wie ein unbewußter Beitrag zur Beachtung der Klausel, sich nicht zu verheiraten, wodurch sie mit dem Rest ihrer Schönheit das Tauschobjekt dieser Klausel – und auch der vorhergehenden – zerstörte, die sie, wenn auch nicht schriftlich, mit ihm vereinbart hatte.

An einem bestimmten Punkt zog sie wieder zur Mutter, die nun in einer kleinen Dreizimmerwohnung in Neapel lebte, da die anderen Kinder inzwischen geheiratet hatten.

Die Wohnung war bescheiden, lag aber in Chiaia, einem herrschaftlichen Viertel, und ging aufs Meer hinaus.

Aus unterschiedlichen Gründen – Signora Ersilia wegen ihres fortgeschrittenen Alters, Marlise wegen der Stumpfheit, die der Tod von Signor Mazzà, die plötzliche Lebensveränderung und der Alkohol in ihr ausgelöst hatten – lebten die beiden Frauen wie gedämpft und verbrachten ihre Zeit mit kleinen, alltäglichen, bis zur Erschöpfung ausgedehnten Riten. Beinahe zwei Stunden dauerte die Morgentoilette von Marlise, die nicht vor elf Uhr aufstand. Und um eins, wenn sie fertig war, regeneriert durch ein langes Bad, die Massage mit dem Frottierhandschuh und die Wirkung aromatischer Salze, war es Zeit zum Mittagessen. Signora Ersilia widmete der Zubereitung der Gerichte die gleiche Sorgfalt wie die Tochter ihrem Bade. Die Menüs waren klassisch, eine Vorspeise, ein Hauptgericht, zwei Beilagen, mit erlesenen Weinen, das Kartoffelpüree war stets duftig und lau, im Wasserbad warm gehalten; die Soufflés, genau richtig aufgegangen, wirkten wie von einem großen Koch geträumt, der immer mit den Tischgenossen streiten muß, weil sie sich nie rechtzeitig zu Tisch setzen; vielfältig und bunt die Salate, in denen einzig ein Quentchen Exotik zum Ausdruck kam; die Saucen für den Braten, extra serviert, dampfend, dickflüssig und von genau richtiger braunrötlicher Farbe; kroß die gebratenen Hühner, während der Garzeit ständig löffelweise mit kochendem, aromatisiertem Öl begossen; prachtvoll die Aufläufe, delikat die Mayonnaisen, erlesen die Fische. Das alles in kleinen Mengen, denn sie waren ja bloß zu zweit und aßen wenig, und mit großem Aufwand serviert, auf altem Porzellan, gestickten Tischdecken, Kristall. Während dieses Rituals oder Schauspiels, das das Mittagessen darstellte, spielte sich ihre ganze Liebesbeziehung ab, fast als wolle die Mutter einerseits den Luxus wiedererstehen lassen, in dem die Tochter gelebt hatte, andererseits ihre Schuldgefühle zum Schweigen bringen, weil sie sie beinahe verkauft und später ihre Großzügigkeit ausgenutzt hatte, während die Tochter, indem sie sich für dieses Mittagessen schönmachte, die Mutter offenbar ihren gemeinsamen körperlichen Verfall vergessen machen und das Grauen ihrer Geschichte aufheben wollte. Es war auch für beide eine Art, sich an der Würde und am Leben festzuklammern. Nach dem Kaffee hielt die alte Frau einen Mittagsschlaf, die Tochter, allein und verloren, begann zu trinken. Danach gingen sie zusammen oder jede mit einer Freundin aus, um nichtige Einkäufe im Viertel zu tätigen. Das Viertel selbst, das sich, wenn auch vergeblich, bemühte, die Ansichten auf den Postkarten aus dem neunzehnten Jahrhundert nachzuahmen oder bei den fünfziger Jahren stehenzubleiben, als Marlise und die Mutter noch auf dem Höhepunkt ihres Glanzes waren, die eine als Heranwachsende, die andere als Frau, schien sich andererseits ihrem Rhythmus anzupassen, der somit von keinem äußeren Ansporn gestört wurde. Nur abends und nachts entbrannten zwischen den beiden Frauen Kampf und Raserei: Die Mutter versteckte den Alkohol, die Tochter suchte danach, wie das Kind nach der Brust sucht und, ist sie versiegt, beißt und kratzt. Erschöpft und schwankend schliefen sie ein, die eine wegen des Kampfes und der Niederlage, die andere wegen der Trunkenheit. Selten verwandelte ein abendlicher Besuch von Freunden diese blutigen Schlachten in diplomatische Scharmützel.

Einmal im August fuhr Signora Ersilia nach Turin, wo eine Schwiegertochter gerade ein Kind zur Welt gebracht hatte. Marlise erwartete die Ankunft einer Dame, die sie bei einem langen Geschäftsaufenthalt von Signor Mazzà in Caracas kennengelernt hatte, und konnte sie daher nicht begleiten. Ein wilder Streik der Piloten hielt die Freundin auf, die am Tag vor Mariä Himmelfahrt in Mailand eintreffen sollte. Marlise, die zusammen mit dem Dienstmädchen ein üppiges Mittagessen vorbereitet hatte, blieb allein auf der Terrasse vor dem mit alten Spitzen und böhmischen Gläsern gedeckten Tisch sitzen. Sie konnte nichts anrühren, in Erwartung der Freundin hatte sie sich beim Trinken zurückgehalten, um ihr ihren Verfall nicht zu zeigen. Der Alkohol zersetzte nach dem ersten Glas ihre Züge und Bewegungen. Bei ihrer Begegnung war sie noch schön, und sie hatte in jener südamerikanischen Provinz die Signora Alba De Mayo und ihre Freunde angenehm unterhalten können, während Signor Mazzà von endlosen geschäftlichen Versammlungen in Anspruch genommen war. *»Usted me parece una paloma!«*[1] hatte Signora De Mayo eines Nachmittags zu ihr gesagt, sie war schon in fortgeschrittenerem Alter und empfand keinen Neid. Marlise befürchtete daher, ihr alt vorzukommen. Deshalb hatte sie zwei Tage lang gefastet, mit Hilfe von Beruhigungsmitteln viele Stunden geschlafen, war bei der Kosmetikerin und bei dem Friseur »Manolo« gewesen und hatte nicht getrunken. Alba rief vom Flughafen aus an: *»Estoy muy cansada, llegaré mañana en la tarde.«*[2] Marlise empfand zuerst ein Gefühl von totaler Bestürzung, dann von Befreiung und Leere, wie ein Schauspieler, dessen beschwerliche Tournee zu Ende ist. Sie trank alle auf dem Tisch stehenden Weine und betrachtete den Himmel – jenen blauen und dann zum Sonnenuntergang hin rosa Himmel des Golfes, der die Violett-, Rot-, Orangetöne und alle Farben verschmäht, die zu übertrieben sind. Als die Dämmerung sich niedersenkte und ihr die guten Vorsätze wieder in den Sinn kamen – nämlich nicht zu trinken, sondern viel zu schlafen, um am nächsten Tag noch in Form und schön zu sein, ging sie zu Bett, nachdem sie ein paar Beruhigungstabletten geschluckt hatte. Vielleicht hatte sie zuviel getrunken, vielleicht irrte sie sich bei der Dosierung der Tabletten. Nie wieder konnte sie ihre Rolle als *paloma* spielen. Ihre Tournee war zu Ende.

Die Freundin, erledigt von der Hitze und den Streiks, telegrafierte nach vergeblichen Anrufen, daß sie nach Genf weiterfahre. So war es die Mutter, die sie

1 »Sie kommen mir vor wie eine Taube!«
2 »Ich bin sehr müde, ich werde morgen abend kommen.«

zwei Tage später fand. Und da Marlise sich in ihrem Zustand nicht die Mühe gemacht hatte, das Fenster zu schließen, schien ein vorübergehender Traum und nicht der Tod sie ereilt zu haben, sie hielt den Arm abgewinkelt unter den Haaren wie jemand, den der Schlaf überrascht hat, während er sich unterhält oder während er nachdenkt.

In der Familienkapelle in Poggioreale war kein Platz mehr, aber es konnte Platz für sie geschaffen werden in einem alten Grab der Gargiulo auf dem Dorffriedhof zu Füßen des Hügels, auf dem sich die *Villa Erminia* erhob.

3. *Giacinta*

Giacintas Haare waren so schwarz, daß sie »Rabenflügel« genannt wurde. Ihre Haut war braun, ihr Blick tief, verzaubert und gewalttätig.

Sie konnte nun nicht mehr soviel auf Bäume klettern. Man hatte sie zum Nähen ins Haus geholt. Sie mußte an der Aussteuer arbeiten: einfache Säume, Festonstich, Hohlsaum, Ajourstich, Fransen an die Handtücher machen, sie mit Blumen oder Vögeln in Kreuzstich verzieren. All dieses Weiß verzehrte ihren Blick. Die Arbeit ging schweigend vor sich. Maria Nunziata war stumm durch einen Krebs, der ihr die Zunge zerfraß. Giacinta andererseits hatte der Mutter nichts zu sagen, sie hätte doch nicht verstanden, was man auf dem Baum erlebte. Von all diesen Stichen haßte sie den Kreuzstich, weil sie buntes Garn verwenden mußte, und diese Farben ließen eine solche Sehnsucht nach dem Baum in ihr aufkommen, daß ihre Hände zitterten.

Es wurde Juni. Es war Sonntag. Und Giacinta wurde

auf den Baum geschickt, um Kirschen zu pflücken. Auf dem Ast zog sie sich, um es bequemer zu haben und später höher hinaufklettern zu können, das weiße Kleid mit roten Punkten aus, hatte nur noch Schlüpfer und Hemdchen an. So braun und mager, mit krausen Haaren – am Tag zuvor hatten sie ihr, wer weiß, warum, eine Dauerwelle machen lassen –, sah sie aus wie ein Junge. Sie hatte schon zwei Körbe mit Früchten gefüllt und aß nun davon, auf einem Ast sitzend. Es waren schwarze Kirschen, und sie färbten ihr Mund und Wangen.

Sie hörte den Vater, der sie von unten rief. Sie schlüpfte in das Kleid und stieg mit einem Korb hinunter. Der Vater stand zwischen zwei Männern. Er wies auf den Mann zu seiner Linken und sagte zu ihr: »Das ist dein Verlobter.« Giacinta konnte sein Gesicht nicht erkennen, sie sah nur diese beiden dunklen Hüte, in die Stirn gedrückt, die beiden schwarzen engen Jacken, die beiden weißen Hemden mit den schwarzen Trauerknöpfen, die beiden ebenfalls schwarzen Krawatten, und einer, der, von dem ihr Vater gesagt hatte, er sei ihr Verlobter, trug am Arm einen Schirm, und der andere, der Vater des Verlobten, trug eine Uhr mit Silberkette.

Die Verlobung dauerte drei Monate. Jeden Tag um fünf Uhr kam der Verlobte, um mit ihr auf dem Corso spazierenzugehen. Und Giacinta ging von all dem Weiß der Aussteuer über zu all dem Schwarz, das den Verlobten umgab, stets schwarz gekleidet wegen der Trauer um die Mutter und mit diesem Hut auf dem Kopf, der Schatten über sein Gesicht warf.

Der Verlobte kam sie nicht allein abholen, sondern in Begleitung von Caterina, seiner Schwester.

Und so gingen sie auf und ab: der Verlobte auf der Seite des Bürgersteigs mit der Schwester am Arm, und am Arm der Schwester kam Giacinta.

Sie kamen an den Eisstand. »Was willst du?« fragte der Verlobte Caterina. »Eine Granita oder ein Eis?« Caterina entschied sich nach vielem Zögern. »Und was willst du?« fragte der Verlobte Giacinta. Und Giacinta antwortete: »Das gleiche wie Caterina.«

Sie setzten sich auf eine Marmorbank unter die Platanen des Belvedere. In der Ferne sah man manchmal das Meer. Sie betrachteten die vorbeispazierenden Leute. Giacinta und Caterina hielten ihre Hände, sie vor dem Verlobten kreuzend, nebeneinander und verglichen ihre Ringe: zwei schmale Silberstreifen mit einem kleinen Brillanten in der Mitte. »Unsere Mutter hat einen davon mir und einen Caterina vermacht«, sagte der Verlobte.

Nach ein paar Stunden wurde Giacinta wieder nach Hause gebracht. Am Abend sagte der Vater zu Giacinta: »Siehst du, was für einen anständigen Verlobten ich dir ausgesucht habe! Er will nie mit dir allein sein. Immer bringt er aus Respekt die Schwester mit!«

Am Hochzeitsmorgen tat Giacinta etwas, das sie noch nie getan hatte. Während ihre Mutter sich umgedreht hatte, stahl sie drei Löffelchen Zucker aus der Zuckerdose, und mit dem Schleier wischte sie sich Mund und Wangen ab, wo der Zucker klebengeblieben war.

Sie machten keine Hochzeitsreise. Bei beginnender Dämmerung, nach dem großen Essen, wurde Giacinta zum Haus des Verlobten am Ende des Dorfes geführt.

Sie sahen fern, Giacinta, der Bräutigam, der Vater des Bräutigams und Caterina. Es gab ein Ballett. Ab und zu erhob sich eine Tänzerin weiß über die anderen, dann versank sie im Schatten.

Der Vater des Bräutigams verabschiedete sich. Er mußte einen Zug nehmen. Er arbeitete im Ausland. Er küßte Giacinta, die regungslos auf dem Stuhl sitzenblieb, auf die Wangen. Seine beiden Kinder brachten ihn zur Tür, und Giacinta hörte, wie sie dumpf ins Schloß fiel und die Schritte sich auf der Straße entfernten.

Es schlug elf. Giacinta wurde ins Bett gebracht. Im ehelichen Schlafzimmer stand ein schmales Eisenbett an der Wand. Und dort ließ Caterina Giacinta sich niederlegen, deckte sie zu und stieg mit dem Bruder in das große Bett.

Giacinta hörte ein paarmal den Ruf des Käuzchens, dann schlief sie rasch ein, um die Lust auf den Baum zu begraben.

Eines Tages kam Giacintas Vater, um seine Tochter nach Hause zurückzuholen. Giacinta wußte nicht, was sie machen sollte, doch er nahm ihre Kleider aus dem großen Schrank, eines nach dem anderen, faltete sie mit plumper Sorgfalt zusammen und verstaute sie in einem Koffer. Er zog ihr den schmalen Reif vom Finger und legte ihn mitten auf die Marmorplatte der Kommode.

Draußen wartete ein sehr klappriges, dunkles Auto auf sie.

Eines Tages saß Giacinta auf dem Baum. Der Vater rief sie herunter. Neben ihm standen der Rechtsanwalt des Dorfes und der Pfarrer. Sie führten sie in die Küche und ließen sie am Tisch irgendwelche Papiere unterschreiben.

Nunmehr konnte Giacinta auf den Bäumen sein,

soviel sie wollte. Ihre Mutter kümmerte sich nicht weiter um sie, ihr Vater ging jeden Tag seinen undurchsichtigen Geschäften nach.

Vom Baum aus sah sie eines Tages Flammen und Rauch hinter dem Berg. »Es ist Krieg!« sagte sie abends zum Vater.

Eines Morgens kam der Vater sie rufen. Es war Frühling. Der Baum stand in Blüte.

Neben dem Vater standen zwei weißgekleidete Männer. Die beiden Männer brachten sie mit einem klapprigen weißen Lieferwagen weg.

Es war Krieg. Auch sie mußte ziehen. Und in der Tat hatten die beiden Männer zwei blutige Kreuze auf dem Ärmel.

Giacinta stieg nicht mehr auf die Bäume. Voller Raserei und Entschlossenheit begann sie, einen nach dem anderen an der Wurzel abzusägen. Und als sie alle Bäume geschlagen hatte, hörte man nichts mehr von ihr.

Der Vater starb, und Maria Nunziata, gänzlich stumm, konnte nichts davon erzählen. Zu Ostern fuhr sie mit dem anderen Sohn zur Irrenanstalt und brachte ihr Kuchen.

Als die Irrenhäuser geschlossen wurden, mußten sie sie wieder ins Haus nehmen. Seit Jahren sprach sie nicht. Sie sah die Bäume des Nutzgartens wieder, wo sie geboren worden war, und wurde von außergewöhnlicher Heiterkeit und Gesprächigkeit erfaßt. Ihre Sprache wirkte wie die exotischer Vögel oder junger Mädchen eines orientalischen Marktes, voller spitzer Schreie, verwundert und freudig, spielerisch und kokett, flehentlich und begütigend. Die Mutter antwortete ihr zuweilen mit Zeichen, indem sie sich die Ohren zuhielt. Die Kinder spornten sie an oder schlugen sie. Giacinta fing wieder an, auf die Bäume zu steigen, wie früher als Kind.

Als sie herunterfiel, war niemand zu Hause, die Verwandten waren zum Schwager gegangen, wo es sich nicht gehörte, sie vorzuzeigen. Sie blieb den ganzen Tag auf der Erde liegen. Sie fanden sie, wie sie immer noch klagte.

Sie wurde auf dem Friedhof von *** in einer Grabnische hinter Marlises Grab beerdigt.

Übersetzt von Maja Pflug

Susanna Tamaro
Love

Es war alles geschehen, während sie schlief. Plötzlich war ihr ein Sack über den Kopf gestülpt worden wie den Kätzchen, wenn sie in den Fluß kommen. Dann war der Sack mit ihr drin auf einem Lastwagen gelandet. Dort auf dem Lastwagen lagen noch viele andere Säcke. Sie fuhren, aber wohin?

Niemand konnte das beantworten. Die Kleineren weinten, die Größeren rauften mit viel Krach. Nach etlichen Stunden hatte der Lastwagen angehalten. Rundum zirpten die Grillen, es war noch dunkel, irgendwo auf dem Land. Ein Mann mit vermummtem Gesicht war hinten aufgestiegen. Sie hatten sich auf den Boden legen müssen, und er hatte sie mit einer Plane zugedeckt. In drohendem Ton hatte er gesagt: »Rührt euch nicht, macht keinen Lärm, hustet nicht und lacht nicht. Wenn jemand zusteigt und Fragen stellt, haltet den Atem an.«

Auf der Plane hatte er dann Heuballen verteilt. Wenig später hatte der Lastwagen erneut angehalten. Andere Geräusche draußen. Motoren, die angelassen und abgestellt wurden. Quietschende Reifen, Hupen, laute Stimmen. Dann war wirklich ein Mann zugestiegen; in einer Sprache, die niemand von ihnen verstand, hatte er viele Fragen gestellt, immer dieselben mehrmals wiederholt. Der Fahrer hatte bedächtig, leise geantwortet; zum Schluß hatte er laut gelacht, auch der andere Mann hatte, während er vom Lastwagen heruntertstieg, gelacht, als wären sie seit eh und je gute Freunde.

Die Fahrt war noch viele Stunden so weitergegangen.

Als sie aussteigen mußten, war es wieder Nacht. Dicht zusammengepfercht hatte man sie alle in eine winzige Wohnung gesperrt. Die Kleineren, wieder aufgewacht, hatten erneut zu weinen begonnen.

An jenem Ort waren sie etwa einen Monat lang geblieben. Bei ihnen war ein großer Mann mit Schnauzbart, der sich Dragomir nennen ließ. Manchmal war er freundlich, manchmal nicht. Dann schrie er mit angeschwollenen Halsvenen herum und teilte Faustschläge und Fußtritte aus. Das kam vor allem während der Unterrichtsstunden vor. Sie lernten, Handtaschen zu öffnen, Uhren vom Handgelenk abzumachen. Er trug die Handtasche oder die Uhr, alle anderen Kinder standen dicht um ihn herum. Der ausgewählte Schüler mußte sich unauffällig einen Weg bahnen und ihm mit flinken Fingern den Gegenstand abnehmen, als ob nichts sei. Fehler machten die Kleinsten, die Ängstlichsten. Wenn er eine Berührung spürte, bevor die Brieftasche verschwunden war, drehte er sich schreiend um, packte den Schüler am Kragen und prügelte ihn, den anderen Kindern zur Warnung, bis aufs Blut. Nach fünf geglückten Taschendiebstählen durfte man die Wohnung verlassen. Man ging nicht allein auf seinen eigenen Beinen fort, sondern mit einem eleganten Herrn, der schweigend ein großes, schwarzes und glänzendes Auto lenkte. Die Allerbesten verschwanden schon nach einer Woche. Die anderen gingen nach und nach in den folgenden drei Wochen.

Auch sie war in jenes Auto gestiegen. Mit ihr zusammen waren Alenka, Miranda und Bogoslav. Sie waren weit gefahren, auf einer langen, langen Straße, auf der das Auto raste. Bei einer Art Restaurant hatten sie angehalten. Die Luft war heißer als in der Stadt, wo die Wohnung gelegen war. Der Mann hatte sie aussteigen lassen, hatte ihnen Bonbons, Eis, belegte Brötchen gekauft. Er hatte alles gekauft, was sie wollten, als wären sie seine Kinder. Vor dem Kellner hatte er ihnen den Kopf gestreichelt.

Die neue Stadt war noch größer, mit Häusern in allen Formen und wenigen Bäumen. Sie machten eine Runde durch die Lager. Als letzte wurde sie abgesetzt.

Nun arbeitete sie schon seit drei Monaten auf jener Brücke, die von Riesen mit Flügeln und langen Haaren, alle aus weißem Stein, bevölkert war. Sie ging mit einem Stück Pappe in der Hand auf und ab, und oft hatte sie, seit sie dort war, die Mütter zu den Kindern sagen hören: »Hast du gesehen? Paß auf, sonst nehmen dich die Zigeuner mit.«

Das verstand sie nicht: sie war doch Zigeunerin, wer also hatte sie mitgenommen, so weit weg von zu Hause?

Vesna war zehn Jahre alt und hatte eine Hasenscharte: Sie war in einem Stamm im Süden Jugoslawiens geboren worden. Ihre Mutter und ihr Vater hatten noch zehn Kinder. Vesna mit ihrer Scharte würde man nie verheiraten können. Also hatten sie sie im Spätherbst für zwei Winterreifen einem Händler überlassen.

Die neue Familie war nicht viel anders als die, die sie verlassen hatte. Es gab eine Mutter, einen Vater und viele kleine Geschwister. Der Vater, Mirko, arbeitete mit Autos, und die Mutter, die Zveza hieß, bettelte zusammen mit den kleineren Kindern im Zentrum. Abends jedoch, am Feuer oder beim Fernsehen, durfte sie sich zu niemandem setzen. Daran erkannte man, daß sie nicht ihre echte Tochter war, daß sie nicht einmal entfernt über weitläufige Stammeszugehörigkeit miteinander verwandt waren. Das einzige, was man von ihr wollte, war, daß sie jeden Abend mit vollen Taschen heimkehrte.

Es war immer Mirko, der sie empfing. Mit ausgestreckter Hand wartete er am Zelteingang auf sie. Wenn das Geld reichte, gab er ihr einen Napf Suppe, sonst packte er sie, stieß sie herum und schrie: »Hure, glaubst du, du bist hier im Hotel? Sind wir hier im Hotel? Im Grandhotel?«

Manchmal verbrachte Mirko den Abend mit Freunden und kam betrunken heim. Dann hielt sie sich den Kopf mit den Händen, und ihre Zähne schlugen so heftig aufeinander, daß sie sie nicht ruhig halten konnte. Auch ihr echter Vater trank oft. Dann lief sie rasch, sehr rasch davon, bevor er sie anrührte, rannte zum Fluß hinunter mit den Sprüngen eines Hasen. Dort, am Ufer, im Gebüsch versteckt, wartete sie auf das Morgengrauen.

Der Fluß! Der fehlte ihr mehr als alles andere. Es war so schön dort unten! Im Winter bildete sich eine dicke Eisdecke, und das Wasser floß darunter dahin. Im Frühjahr zerbrach das Eis und schlug mit lautem Krachen hier und dort gegen das Ufer. Es gab Bläßhühner, deren Eier man trinken konnte, und streitsüchtige Entenpaare. Außerdem gab es schmackhafte Beeren, im Sommer kühles Wasser zum Baden und die Frauen aus dem Dorf, die zum Wäschewaschen gingen und plapperten wie ein Radio, ohne je zu verstummen.

Auch unter der Brücke, wo sie jetzt war, gab es einen Fluß, einen großen, trägen, gelblichen Fluß, aber wenn sie ihn betrachtete, bedeutete er ihr einfach nichts. Doch wenn sie traurig war, schloß sie die Augen: und dann wurde sein Geräusch das Geräusch aller Flüsse und umspülte ihr Herz wie ein wärmeres Blut, hüllte es ein, erwärmte sie von innen. Fast jeden Tag war sie traurig, daher spielte sie fast jeden Tag dieses Spiel.

Auch an jenem Morgen kurz vor Sommerbeginn spielte sie es gerade. Die Luft war schon sehr warm, und um sich zu schützen, hatte sie sich direkt in den Schatten eines Engels gestellt. Um diese Stunde kam niemand vorbei. Daher hatte sie, das Gesicht von den Händen bedeckt, ruhig an ihren Fluß denken können, an all die Blumen, die dort nahe am Wasser wuchsen, und die darin versteckten Frösche.

Die Schritte auf dem Pflaster hatte sie nicht gehört. Nur plötzlich die Stimme, die gesagt hatte: »Ist dir nicht gut, Kleine?«

Sie hatte die Hände nicht vom Gesicht genommen. Da mußte ein Vater mit seinem Töchterchen in der Nähe sein. Doch dann hatte eine Hand ihren Kopf berührt, und so hatte Vesna aufgeschaut. Vor ihr stand ein Mann mit leicht graumelierten Haaren in einem weiten weißen Hemd. Der Mann hatte die Frage wiederholt, und sie hatte weder ja noch nein geantwortet und auch nicht, daß sie an den Fluß dachte, sondern war mit ausgestrecktem Arm vorgesprungen und hatte dazu geleiert: »Alles Gute, viel Glück und Gesundheit für Sie und die ganze Familie, alles Gute, Herr ...«

Der Mann hatte gelächelt, er hatte sie angesehen, wie Männer einander ansehen, bevor sie sich zum Duell fordern, mit einem Blick direkt in die Augen, als wolle er in ihrem Inneren lesen. Und ohne den Blick abzuwenden, hatte er mit einer Hand in die Tasche gegriffen und zwei oder drei Münzen hervorgeholt. Anstatt sie einfach hinzuwerfen, hatte er sie ihr auf die Handfläche gelegt und sie dabei berührt. Der Mann hatte nichts mehr gesagt und sich zur anderen Seite gewandt, war davongegangen mit einem etwas zu langsamen Schritt.

Der Asphalt brannte ihr unter den Füßen. Hätte sie nach ihm rufen sollen? Sie hätte ihm folgen, ihn um weitere Münzen für die schwerkranke Mutter bitten können. Indessen hatte sich der Schatten des Engels mit dem Lauf der Sonne schon weit verschoben.

An jenem Abend hatte sie wenig Geld heimgebracht. Mirko hatte sie geschlagen, ohne etwas zu essen zu bekommen, war sie schlafen gegangen. Auf dem Fußboden zusammengekauert, hatte sie die Innenfläche der einen Hand an die Wange gelegt. Nein, es war keine Einbildung, dort, wo der Mann sie berührt hatte, war die Hand wirklich wärmer; selbst nach so vielen Stunden war sie noch warm.

In den folgenden Tagen war der Mann nicht mehr vorbeigekommen, sie hatte ihn aber trotzdem gesehen. Er stand aufrecht auf einem riesigen Plakat in der Nähe des Lagerplatzes, und rundherum waren viele Wörter geschrieben. Anders als bei ihrer Begegnung trug er einen großen schwarzen Schnauzbart und über dem weißen Hemd eine Pistole umgeschnallt. Neben ihm stand weder eine Waschmaschine noch ein Kühlschrank, und er hielt auch nichts in der Hand. Eher als um eine Verkaufsreklame schien es sich um einen Film zu handeln. Ein Schauspieler, natürlich, er war ein Schauspieler: mit diesen Augen konnte er nichts anderes sein.

War es das erste Mal, daß er auf der Brücke vorbeigekommen war? Ja, ganz bestimmt, denn sie hatte ihn noch nie zuvor bemerkt. Vielleicht war er auch fremd hier, genau wie sie. Lebte in einem großen Hotel mit Palmen oder lag an einem blendendweißen Strand, umgeben von fast nackten Tänzerinnen.

Anstatt zu lachen oder wegzugehen, hatte er sie berührt, als er ihre Lippe gesehen hatte.

Eines Nachmittags hatte Zveza sie ins Zentrum mitgenommen. Sie waren an zwei oder drei großen Hotels vorbeigekommen, und sie hatte hineingeschaut. Sie hatte auch in alle Taxis geschaut, in alle Autos mit dunklen Scheiben.

Nach zehn Tagen war die Haut der Hand noch warm wie in dem Moment, als er sie kurz gestreift hatte. Zum Einschlafen legte sie ihre Wange darauf und tat so, als sei die Hand etwas Kleines, Schutzloses, ein Kätzchen, ein Stoffbär.

Auf der Brücke schloß sie die Augen nicht mehr, der Fluß blieb nun stumm. Selbst wenn sie müde war, hielt sie die Augen weit offen wie eine Eule mitten in der Nacht.

Ende Juni gingen mehrere Wolkenbrüche über der Stadt nieder, die Touristen rannten in bunten Plastikmänteln vorbei und hielten sich ihre Handtaschen über den Kopf.

Der Himmel war genau wie der, den sie in einer Kirche in ihrem Dorf gemalt gesehen hatte, violett, grau, mit gelben Blitzen überall. Bei diesem Sturm boten auch die großen starken Engel keinen Schutz.

Während das Wasser ihr von den Haaren in den Hals lief, merkte sie, daß die von ihm berührte Hand allmählich feucht und kalt wurde, wie die andere. Es fehlten noch viele Stunden bis zur Rückkehr zum Lager, sie hatte genug Zeit, um zu versuchen, sie wieder warm zu bekommen. Auf dem Weg zum Kino verwandelte sich der Regen in Eiskörner, einer ihrer Schuhe ging kaputt, da steckte sie beide in die Tasche. Sie fand das richtige Kino, groß und aus Papier stand er davor, mit einer Pistole in der Hand. An der Kasse zog sie zwei Händevoll Kleingeld heraus. Die dort sitzende Frau zählte die Münzen eine nach der anderen, dann nickte sie und gab ihr eine blaue Eintrittskarte. Drinnen war fast niemand, sie setzte sich in die erste Reihe und streckte die Beine aus. So sprachen die Schauspieler nur zu ihr. Er war ein Polizist und hieß »der Rächer«. Das war nicht sein richtiger Name, sondern ein Name, den man ihm gegeben hatte, weil er seine Sache gut machte. Er schoß, prügelte und rannte wie kein anderer. Wenn die Autos mit Vollgas fuhren und hin und her schleuderten, wurde ihr beinahe schlecht. Sie fürchtete schon, der Mann im weißen Hemd werde verlieren, doch am Schluß triumphierte er über alle.

Der Film war dreimal ausgewesen und hatte dreimal wieder begonnen. Als Vesna dann zur Kreuzung an der Brücke kam, war das Auto, das die Kinder zum Lagerplatz brachte, schon abgefahren. Es regnete nicht mehr, aber Wind war aufgekommen. Was sollte sie tun? Sie wußte es nicht. Während sie so dachte, hatte sie angefangen, in den umliegenden Straßen auf und ab zu gehen.

Als sie ein Schaufenster mit Damenstrümpfen betrachtete, hörte sie hinter sich das Geräusch eines Autos. Die Tür öffnete sich, als sie noch nichts begriffen hatte, und eine Hand zog sie hinein. Wie mochte er sie gefunden haben? Es war Mirko. Er sagte etwas mit zusammengebissenen Zähnen, schlug sie ins Gesicht, auf ihre Hasenscharte. Da fühlte sie auf einmal ihre Zähne, das Zahnfleisch, die Nase, es war alles da, hart wie Holz. Sie schmeckte etwas Warmes im Mund, dann erinnerte sie sich an nichts mehr.

Sie erwachte beim Klirren einer Kette, es war ihre, man hatte ihr Fußgelenk damit an einer Eisenstange befestigt. Aus dem nahen Zelt klangen die Stimmen von Zveza, Mirko und ihren Kindern herüber. Sie saßen beim Essen. Vesna richtete sich so ein, daß sie weniger Schmerzen hatte. Was konnte man ihr schon anhaben? Nichts. Was sie wollte, war geschehen, nach dem Film war die eine Hand wieder wärmer als die andere. In jenen Tagen schlief sie viel, träumte auch. Auf Befehl des Polizeichefs kam er mit einer Maschinenpistole in der einen Hand und einem Messer in der anderen ins Lager. Niemandem gelang es zu entkommen. Sogar Mirko weinte und flehte. Man hörte einen Schuß, und dann war es still. Plötzlich fiel ein Licht auf ihr Gesicht: er kam und schloß sie in die Arme.

Das Licht gab es wirklich, aber es war Sveza, die ihr die Kette abnahm.

Noch am selben Tag fing sie wieder zu arbeiten an, auf derselben Brücke. Inzwischen war der Sommer gekommen, viele Touristen gingen vorbei, aneinandergedrängt wie Schafe auf der Weide oder allein unterwegs, wie Hirsche. Mit dem Pappschild in der Hand ging sie auf alle zu. Wenn sie ihr kein Geld gaben, versuchte sie, sich welches zu nehmen.

Eines Morgens hatte ein Schwarzer seine Waren gegenüber von ihr ausgebreitet, er verkaufte Kettchen und Plastikelefanten. Wenn er Kunden hatte, hielt er sie mit einem Blick fern, wenn sie allein waren, kam er näher, um sich zu unterhalten. Er redete sehr schnell, und sie verstand nichts. Einmal hatte er sie fest umarmt, da hatte sie ihn mit der Faust in den Bauch geboxt. Eine kleine Faust. Die Fäuste, die sie im Kopf hatte, waren nie wie die an ihren Händen. »Flop« hatte die Faust gemacht, und der Schwarze hatte sich lachend den Bauch gerieben. Sie hätte gern mit einer viel größeren Faust zugeschlagen.

Wer weiß, warum die Touristen auch nachts unterwegs waren. Nachts konnten doch nur die Tiere des Waldes etwas sehen, die Menschen nicht, und doch waren immer welche unterwegs. Sie waren fast immer jung, gingen dicht gedrängt, oft Arm in Arm. Sie sangen laut und falsch aus vollem Hals. Sie wirkten betrunken, waren es auch. Sie ließen lange Alkoholfahnen auf der Brücke zurück. Vesna folgte ihnen, bettelte um Geld. Sie taten so, als hörten sie nicht, oder sie drehten sich alle auf einmal zu ihr um, warfen die Münzen in die Luft, wie wenn man das Orakel befragt, und lachten, wenn sie sich eilig bückte, um sie aufzusammeln. Solange es hell war, strömten die Leute in Mengen vorbei wie das Wasser eines Flusses, dann kamen nur noch wenige auf einmal. Zwischen einer Gruppe und der nächsten war immer etwas Zeit. Genau in einer dieser Pausen hatte der Schwarze sich ihr erneut genähert, er hatte ihr einen kleinen Ring gegeben und gesagt: »Du und ich verlobt« und ihr sofort die Zunge in den Mund gesteckt. Sie hatte die Zähne zusammengebissen, und die Zunge des Schwarzen war dazwischen steckengeblieben. Eine heftige Ohrfeige, die ihr den Kopf verbog, war die Antwort gewesen.

Ihr noch eine zu verpassen war ihm jedoch nicht gelungen. Still und leise, als berührte er gar nicht den Boden, war jemand gekommen und hatte den Schwarzen festgehalten, ihn am Arm gepackt. Er trug ein weites weißes Hemd. Als er ihr mit einer Hand die Haare aus dem Gesicht strich, hatte ihr Herz einen Sprung getan, rasend schnell zu klopfen begonnen, bald bis an den Hals, bald weiter unten, in den Knien. Er war es wirklich, er in Person: der Rächer.

Kaum war der Schwarze fortgegangen, hatte er darauf bestanden, daß sie nicht allein auf der Brücke bleiben solle. Da hatte sie zum Himmel aufgesehen. So, wie der Mond stand, war noch eine ganze Weile Zeit, bis das Auto vorbeikam. Gefügig und stumm war sie ihm bis zu einem in der Nähe gelegenen Café gefolgt. Viele Touristen saßen im Freien an den kleinen Tischen. Sie setzten sich mitten unter sie, und der Mann fragte, was sie essen oder trinken wolle. Sie wollte ihm nur sagen, daß sie wußte, wer er war, auch wenn er keinen Schnauzbart hatte, daß sie ihn im Film gesehen hatte, wie er alle tötete, er war der Rächer. Er bestellte ein großes Eis mit Sahne und Waffeln für sie und einen gelben Likör für sich. Er stellte ihr viele Fragen. Ob sie eine Mama habe? Einen Papa? Wo sie geboren sei, weit weg? Ob sie je in die Schule gegangen sei? Sie wirke wie ein junges Fräulein, ein hübsches Fräulein. Aber wie alt sie denn wirklich sei? Ob sie Italienisch verstehe oder nur die Zigeunersprache spreche? Oder ob sie gar keine Zunge habe?

Während er das sagte, hatte der Mann sie am Kinn gekitzelt. Indessen war das Eis gekommen. Es stand vor ihr und schmolz wie Schnee, ohne daß sie den Mut aufbrachte, es zu essen.

»Sehen wir mal, ob du wirklich keine Zunge hast«, hatte der Mann daraufhin gesagt und mit dem Löffel voller Eis an ihre Lippen zu stupsen begonnen. Das machte sonst nur die Amselmutter mit ihren Küken so, dort unten im Gebüsch am Fluß. War sie denn sein Küken? Sie öffnete den Mund. Die Masse war glitschig und süß, rutschte ohne jede Anstrengung hinunter. Erst als der Becher leer war, erhoben sie sich. Ohne etwas zu sagen, faßte sie ihn am Handgelenk und führte ihn zur Brücke zurück. Sie warteten eine Weile. Der Mond stand tief über dem Horizont. Sie hatte nicht den Mut, ihm zu sagen, daß das Auto schon weg war. Zum Glück brach er das Schweigen zuerst, sagte, daß es zwecklos sei, bis zum Morgengrauen dort zu warten. Noch einmal überquerten sie die Brücke.

In seiner Wohnung standen schwere Möbel und ein riesiger Fernseher. Er hatte sie aufs Sofa gesetzt, ihr den Fernseher angeschaltet und war in einem anderen Zimmer verschwunden. Als gerade eine Katze, auf der Jagd nach Mäusen, hoch oben von einem Haus heruntergefallen war, ohne sich etwas zu tun, kam er zurück. Er trug eine Art leichten Mantel und nichts darunter. »Vor dem Schlafengehen nehmen wir ein schönes Bad«, sagte er und hob sie vom Sofa. Sein Geruch war anders als der von Mirko. Statt ihr Angst zu machen, bekam sie Lust zu lecken.

Er wollte ihr zuschauen, während sie sich auszog, und hatte sich mit den Händen in den Manteltaschen auf die Kloschüssel gesetzt.

Vesna hatte noch nie gebadet... wenn der Stöpsel aufging, nachdem sie hineingestiegen war, wo würde sie dann enden? Er half ihr. Mit einem weichen Schwamm rieb er ihr den Rücken ab, den Bauch, fuhr ihr zwischen die Beine. Und er hatte ihr auch die Haare naß gemacht, sie im Wasser ausgebreitet, als wären es Algen. Dann war sie mit all den Tropfen, die ihr am Körper entlangliefen, aus der Wanne gestiegen, und er hatte sie in ein Handtuch gewickelt. Ganz sacht hatte er sie abgetrocknet und dabei ab und zu mit den Händen innegehalten.

In der Wohnung gab es ein Zimmer, das sie noch nicht kannte. Es war hell, mit einem kleinen Bett in der Mitte und vielen Spielsachen rundherum. Dorthin führte sie der Rächer, ließ sie ohne Kleider unter die Decke schlüpfen. Dann nahm er ein Buch und begann, ihr eine Geschichte vorzulesen. Sie handelte von einem Spielzeugsoldaten mit nur einem Bein, der sich in eine Tänzerin verliebte, die auch nicht echt war, sondern aus Papier.

Als sich die Lippen des Mannes auf die ihren legten, zuckte sie zusammen, weil sie schon fast eingeschlafen war. Sie krümmte ihren Körper. War das das Ende der Geschichte?

Während der Nacht erschien ein Traum hinter ihren Augenlidern. Sie war ein Kätzchen. Mit der warmen Zunge putzte die Mutter sie, hin und her, und sie zitterte am ganzen Leib. Nicht so, wie wenn sie auf der

Brücke fror, sondern so, als flösse der Fluß mit seiner lauen Wärme durch sie hindurch.

Am nächsten Morgen verließ der Rächer sie kurz vor der Brücke. Bevor er fortging, steckte er ihr zwei oder drei Tausendlirescheine in die Taschen. Sie mußte rechtzeitig gekommen sein, weil noch keine Touristen da waren, sondern nur die Leute, die eilig zur Arbeit gingen. Der Tag verlief genauso wie alle anderen. Nein, nicht genauso. Wenn zwischen den anderen Hemden ein weißes Hemd auftauchte, schlug ihr Herz bis an den Hals, oder bis in die Knie.

Sie hatte ihm keine Fragen gestellt. Auch er hatte nicht gesagt »ich komme zurück« oder »warte auf mich«. Wenn es einmal passiert war, konnte es auch wieder passieren. Sein Geruch war ein wenig so wie der, der morgens aus den Konditoreien drang.

Nachts begab sie sich pünktlich zu der Stelle, wo das Auto sie abholte. Die vorher eingesammelten Kinder schliefen schon auf dem Rücksitz. Der Fahrer machte keinerlei Bemerkung, als er sie wieder dort stehen sah, rasch fuhr er durch die Stadt, wie jede Nacht. War es möglich, daß niemand im Lager ihre Abwesenheit bemerkt hatte?

Es mußte so sein. Mirko schlug sie nicht, als sie ins Zelt trat. Die kleinen Geschwister hängten sich schreiend an ihre Beine. Aber es war nicht so. Als schon alle auf ihren Strohsäcken lagen, näherte sich Mirko dem ihren. Er sprach leise, das hatte er noch nie getan. Er hatte die Hose offen und eine Hand darin. Er legte sich neben sie, biß ihr ins Ohr, um ihr weh zu tun.

»Du Hure«, sagte er, »du kleine Hure, wenn du den von den anderen nimmst, dann nimm auch meinen.«

Er legte sich auf sie, schob ihr den Rock hoch. Beim ersten Versuch gelang es ihm nicht, hineinzukommen, und auch beim zweiten nicht. Da brauchte er Gewalt, spreizte ihre Beine, drang in sie ein, wie man es bei einer Tür macht, wenn man keinen Schlüssel hat und sie mit Fußtritten aufstößt.

Er drang in sie ein, und etwas war gerissen, riß immer noch, je länger er weitermachte, um so mehr brannte es, es brannte wahnsinnig, wie Feuer, jedesmal hoffte sie, er würde herausgehen, und jedesmal irrte sie sich, er ging und ging nicht heraus.

Dann, als sie die Hoffnung aufgegeben hatte, war alles vorbei, und er war wie tot auf sie gefallen. Nach einer Weile war er mit noch offener Hose ins Bett seiner Frau zurückgekehrt.

Am nächsten Morgen stand Vesna wieder auf der Brücke. Der Schmerz ließ sie mit zusammengepreßten Beinen gehen. Jedesmal, wenn sie einem Kunden entgegenlief, tat es ihr im Inneren weh. Deshalb, und auch, weil sie mit den Gedanken anderswo war, verdiente sie an jenen Tagen weniger als gewöhnlich.

Mirko zog es jedoch im Augenblick noch vor, statt sie zu schlagen jene andere Sache zu machen. Sie hatte gelernt, sich an seiner Stelle den Rächer vorzustellen, sie roch seinen Duft, sah seinen behaarten flachen Bauch. Manchmal aber war sie zu müde zum Phantasieren; dann wandte sie den Kopf zur Seite und zählte die Gegenstände, die auf dem Fußboden herumlagen.

Weiße Hemden waren viele vorbeigekommen, aber seines nie. Wer weiß, wo er war? Vielleicht kämpfte er gerade in einer gefährlichen Sache.

Indessen hatte sie einen anderen Namen für ihn gefunden. Vor einigen Tagen war in der Nähe der Brücke ein neues Plakat aufgestellt worden. Darauf war eine junge Dame in Höschen und Büstenhalter abgebildet, die auf Zehenspitzen stand und einen herzförmigen Luftballon in der Hand hielt. Daneben stand etwas geschrieben, mit Buchstaben, rot wie ein Mund. Sie hatte ein Kind, das lesen konnte, gefragt, was da stünde. Love, hatte es zu ihr gesagt. Love war das Herz, war diese Sache, die sie innerlich für ihn empfand. Love, love hatte sie sich tagelang immer wiederholt, als wäre es ein Lied mit nur einem Wort.

Eines Nachts war dann folgendes passiert: Mirko hatte gemerkt, daß von ihr nur ihr Körper da war, und war wütend geworden. Er hatte sie hierhin und dorthin gestoßen, gegen die Tischkante, gegen die Gasflasche. Dann hatte er ihn ihr in den Mund gesteckt, bis dieser eklige Schaum herausgekommen war. Sie hatte sich vor ihm übergeben. Als sie allein war, hatte sie sich noch einmal übergeben. Sie wollte weinen, kniff die Augen zusammen, kniff sie zusammen, aber es nützte nichts.

Am nächsten Morgen, auf der Brücke, hatte sie beschlossen, einen Zauber anzuwenden, den sie als Kind kannte: Sie hatte Love gesagt, hatte viele Male im Kreis gespuckt. Die Zauber wirken, wenn man sie selten anwendet und wenn sie von Herzen kommen.

Sie wirken, bestimmt wirken sie. Kurz vor der Mittagszeit entdeckte sie sein weißes Hemd, er schlenderte dahin, als habe er kein bestimmtes Ziel. So war er an ihr vorbeigegangen, ohne hinzuschauen. Hatte sie bei dem Zauber vielleicht etwas vergessen? Dann schrie sie: Love! Das Wort war wie ein Pfeil, ein Messer: es traf ihn mitten in den Rücken, und er drehte sich um, kam zurück, die Hände in den Taschen.

In der Küche seiner Wohnung hatte er ein kleines Mahl für sie beide hergerichtet. Sie hatte den Mund überhaupt nicht aufgemacht, er war es gewesen, der zu ihr gesprochen hatte. Er hatte ihr gesagt, er sei Lehrer, unterrichte technische Fächer in einer Schule ziemlich weit außerhalb.

Bestimmt war das ein neuer Film, in einem war er Polizist, im anderen Lehrer. Er hatte viele Bücher gelesen, wußte eine Menge Dinge. Aber er war trotzdem stark, unter dem Hemd sah man seine gespannten Muskeln, bereit zum Zuschlagen.

Beim Essen hatte er sie auf die Knie nehmen wollen, hatte sie ganz zärtlich gefüttert wie die Vögelchen im Nest. Dann hatte er darauf bestanden, ihr ein Bad einzulassen. Er hatte sie ausgezogen wie beim ersten Mal und auch selbst seine Kleider abgelegt. »Du bist wunderschön«, hatte er zu ihr gesagt und hatte ihr mit einer Hand über den Rücken gestrichen und auf dem Po innegehalten. Im Wasser hatte er sie aufgefordert, ihm zu zeigen, wie sie innen aussehe, die Beine zu spreizen. Sie hatte Angst bekommen: und wenn er nun zufällig merkte, daß Mirko auch da gewesen war? Nein, sie wollte nicht.

Doch als er sich heruntergebeugt und sie ganz langsam, als suche er etwas in ihrem Mund, mit der ganzen Zunge geküßt hatte, hatte sie an nichts mehr gedacht, und die Beine waren von allein auseinandergegangen. In der lauen Wärme des Wassers hatte er zwei Finger hineingeschoben. Er selbst saß auf dem Klo, hielt auch eine Hand zwischen den Beinen und bewegte sie mit geschlossenen Augen hin und her.

Als sie aus der Wanne gestiegen war, hatte er ihr ein Nachthemd übergestreift. Obgleich die Sonne hochstand, hatte er sie ins Bett gebracht. Das Zimmer war das vom letzten Mal, mit dem hellen Bett und all den Spielsachen rundherum. Sie wollte ihn bitten, die Geschichte von dem einbeinigen Zinnsoldaten fertigzuerzählen. Sie hatte sich in jenen Wochen immer gefragt, wie sie denn wirklich ausging, doch er hatte gesagt: »Nimm den in den Arm und schlaf« und hatte ihr einen Stoffbären in die Hand gedrückt. Dann hatte er das Licht ausgeknipst und war geräuschlos hinausgegangen.

Vesna hatte versucht, ihm zu gehorchen, aber es war ihr nicht gelungen, sie hatte die Augen geschlossen, als schliefe sie, aber sie schlief keineswegs, sie war auch noch wach, als er zurückkam, als er ganz leise das Nachthemd hochschob und sich auf sie legte. Je mehr er sich bewegte, um so mehr redete er. Auch sie sprach innerlich, sagte: »Love, love, mein love.«

Vier Tage war sie in seiner Wohnung geblieben. Sie badeten immer zusammen, aßen, sahen fern. Jedesmal, wenn sie im Bett so tat, als schliefe sie, stieg er auf sie und bewegte sich vor und zurück. Am zweiten Tag hatte jemand an der Tür geläutet. Sie hatte Angst, es wäre Mirko. Love wußte es vielleicht, denn er hatte nicht aufgemacht. Er hatte nicht einmal gefragt: »Wer ist da?« Einige Male hatte auch das Telefon geklingelt, und er hatte sie in ein anderes Zimmer geschoben, bevor er abnahm. Während er sie hinausschob, hatte er zu ihr gesagt, sie solle sich still und ruhig verhalten.

Dann, eines Morgens, war er früher aufgestanden. Er hatte sie ihre gewöhnlichen Kleider anziehen lassen. Immer etwas vorausgehend, hatte er sie in die Nähe der Brücke begleitet. Er hatte sich zum Abschied nicht mehr umgedreht. Er hatte auch nicht versprochen zurückzukehren. Diesmal wußte sie jedoch, daß er zurückkommen würde. Sie war sich dessen sicher. In der letzten Nacht, während er sich überaus heftig bewegte, hatte er ihr zugeflüstert: »Ich will dich ganz, meine Kleine, ganz, ich will ein Kind mit dir, wir zusammen, unser Kind.«

Love. Das wollte sie auch. Sie wollte ein Kätzchen, dem sie für immer Milch geben könnten.

Sie hatte den ganzen Tag auf der Brücke verbracht, als sei sie nie weg gewesen. Als der Mond aufging, war sie zu dem Treffpunkt mit dem Auto gegangen. Sie fürchtete sich ein wenig, und doch wieder nicht. Ob man sie schlagen würde, weil sie so lange fort gewesen war? Bestimmt erwartete sie ein Haufen Schläge, aber sie würde einfach sagen, was passiert war. Bald würde sie heiraten, zuerst ein Kind bekommen und dann ganz viele, und alles wäre in Ordnung. Vielleicht könnten sie sogar ein großes Fest für sie geben.

Der Mond hatte nun die Hälfte des Himmels überschritten. Das Auto kam nicht. Es waren auch keine anderen Kinder da, die darauf warteten. Der Mond war weiter hinabgewandert, und sie stand immer noch dort. Nur ein Polizeiauto war vorbeigekommen, hatte die Fahrt verlangsamt. Sie hatte sich hinter einer großen Platane versteckt, hatte eine Weile starr auf die Rinde geschaut. Zwei Ameisen liefen darauf im Kreis herum, bewegten die Antennen, als riefen sie sich ohne Stimme.

War es möglich, daß sie sie vergessen hatten? Daß sie die Stadt verlassen hatten? So oft hatte sie Mirko sagen hören, wir werden in den Norden ziehen, wo die Leute reicher sind. Oder es konnte auch noch etwas anderes passiert sein: Love war, nachdem er sie verlassen hatte, ins Lager gegangen, wollte um ihre Hand anhalten. Mirko hatte ihn abgewiesen, da hatte Love sie alle mit einem einzigen Magazin erschossen. Jetzt war er zu Hause und ruhte sich aus, es war an ihr, ihn aufzusuchen.

Als auf der dem Mond gegenüberliegenden Seite die Sonne hervorkam, machte sich Vesna auf den Weg zu seiner Wohnung. Sie erreichte das Haustor, als gerade die ersten Busse vorbeifuhren. Sie hob den Kopf, die Fensterläden standen offen, eines der Fenster war erleuchtet. Sie berührte den Klingelknopf, als wäre er aus glühender Kohle, streifte ihn kaum. Sie wartete einen Schritt von der Tür entfernt, nichts geschah. Sie drückte noch einmal, energischer. Sie ließ den Finger darauf liegen und zählte bis drei. Ihr Herz hatte indessen wieder angefangen zu rasen, es beschleunigte ihren Atem, saß im Hals, auf der Zunge, es raste, als wäre sie gerannt, dabei stand sie doch ganz still.

Sie hatte nicht den Mut, ein drittes Mal zu läuten.

Wahrscheinlich, dachte sie, schlief Love tief; so tief, daß die Geräusche nicht an sein Ohr drangen. Während sie wartete, merkte sie, daß sie Hunger hatte. Also ging sie in eine Bäckerei und gab all ihr Geld für Hörnchen und Brötchen aus. Nachdem sie mit Essen fertig war, beschloß sie, noch ein wenig zu warten, bevor sie zu dem Haustor zurückging. Sie war ja nun frei, konnte umherschlendern wie alle anderen, vor den Schaufenstern stehenbleiben, solange sie wollte.

Und genau als sie die Auslagen betrachtete, kam ihr

jene Idee. Die Idee, mit einem Geschenk zu Love zurückzukehren. Sie entschied sich für eines, als sie zwischen den anderen Dingen eine kleine rosa Seife liegen sah, die wie ein Herz geformt war. Das Problem war, wie sie es anstellen sollte, es zu bekommen. Wenn es in einem dieser riesigen Geschäfte gelegen hätte, wo dich keiner anschaut, wäre es leicht gewesen, es zu nehmen. Es lag aber in einem winzigen Geschäft, wo die Inhaberin hinter dem Ladentisch stand, und daher mußte sie, bevor sie es bekommen konnte, erst das Geld haben.

Jetzt waren viele Leute auf der Straße. Brechend voll fuhren die Autobusse vorbei, mit niedrigen Reifen. Sie wählte einen aufs Geratewohl. Er war so voll, daß sie nur mit Mühe einsteigen konnte.

Ellbogen, Hosentaschen, Hintern und Handtaschen, nachgiebige und pralle Bäuche. Wie lange würde die Fahrt dauern? Man mußte rasch entscheiden, unter die Menge gemischt aussteigen, solange man noch im Zentrum war. Schulkinder, Herren im Sakko, Chinesen mit Plastiktaschen. Endlich eine geräumige Tasche aus weichem Leder, neben einer eleganten Frau.

Als die Finger die Brieftasche berührten, sah sie Love vor sich und sich selbst, wie sie ihm das Herz reichte.

Ein Schrei ertönte. Jemand packte sie an den Haaren, jemand anderes verpaßte ihr zwei Ohrfeigen, einer schrie aus dem Hintergrund dem Fahrer zu: »Halt!« Der Dame bebte die Stimme, sie sagte: »Wenn Sie nicht gewesen wären, hätte ich es nie gemerkt.« Und der Mann entgegnete: »Wenn man einen von denen herumlungern sieht, muß man immer die Augen offenhalten.« Indessen hielt er Vesna an der Gurgel, als wäre diese der Griff eines Regenschirms. Die

Polizei traf mit blinkenden Scheinwerfern ein, die Polizisten brauchten gar nicht einzusteigen, denn sie flog schon heraus, von einem Fußtritt hinuntergestoßen.

Das weiß-blaue Auto fuhr schnell und machte ein Geräusch, als wäre sie die wichtigste Person auf der Welt. Sie luden sie in einem großen Gebäude in einem Zimmer ab, in dem sich schon viele andere Leute befanden. Auf zwei Bänken saßen sie alle an der Wand entlang, blickten zu Boden oder hielten sich, um nichts zu sehen, die Hände vors Gesicht. Nach langer Zeit wurde sie gerufen. Sie hatte kalte Füße, und ihr Bauch war wieder leer. Und wenn Love nun, da er sie nicht nach Hause kommen sah und sie auch nicht auf der Brücke vorfand, gedacht hatte, daß sie für immer fortgegangen war, daß sie sich nichts aus ihm machte?

Als die Frau in Uniform hinter dem Tisch sie nach ihrem Namen fragte, begann sie plötzlich zu weinen, ohne zu wissen warum. »Sie stellen sie serienmäßig her, mit Tränen in der Tasche!« rief hinter ihr ein Mann aus.

Die Frau beugte sich zu ihr hinüber und fragte noch einmal mit freundlicher Stimme: »Wie heißt du?« Der Mann in der ersten Wohnung, der ihr so viele Dinge beigebracht hatte, hatte ihnen auch eingebleut: »Sagt nie euren wirklichen Namen.« Auf die dritte Frage der Frau hin hob Vesna den Kopf und murmelte mit noch feuchten Augen: »Love.«

Wie alt sie war? Sie war so alt wie die ausgestreckten Finger an allen beiden Händen.

Später stieg sie zusammen mit anderen Mädchen in einen Lieferwagen. Er hatte zwei einzige vergitterte Fenster, so daß man die Geräusche von draußen hörte, aber nichts sah. In einem großen zementierten Hof mit zwei Bäumen in der Mitte stiegen sie aus. Noch einmal mußte sie in einem anderen Zimmer warten. Dann rief eine Frau sie herein, sie wurde fotografiert, bekam eine Nummer, wurde gewogen, es wurde gemessen, wie groß sie war. Einmal, mit ihrem echten Vater, hatten sie ihr einziges Pferd an einen Ort gebracht, der fast genauso ausgesehen hatte. Es war gewogen, gemessen, in einen anderen Raum geschleppt worden. Ausgestreckt liegend kam es dort wieder heraus, der weiße Stern mitten auf der Stirn war rot gefärbt, unaufhaltsam schoß eine Fontäne daraus hervor wie eine Quelle im Felsen. Würde es ihr nun ebenso ergehen?

Die Dame, die sie abholen kam, hatte nicht wenig Mühe, sie dazu zu bewegen, ihr zu folgen. Es war wieder ein anderes Zimmer, in dem zwei Stühle und ein Tisch standen. Die Dame hatte ihr nacheinander verschiedene Flecken gezeigt, hatte sie gefragt, was ist das, was ist jenes? Was konnte es anderes sein, wenn es keine Flecken waren? Es waren Flecken. Anschließend hatte sie ihr mit ruhiger Stimme eine Menge Fragen gestellt. Wie alt sie wirklich sei? Wo denn ihre Mama, ihr Papa, ihre kleinen Geschwister seien? Ob sie in die Schule gehe? Ob sie lesen und schreiben könne, ob sie wisse, warum sie hier sei? Dann war sie aufgestanden, hatte gesagt: »Nun gut, wenn du dich entschließt zu reden, brauchst du mich nur rufen zu lassen.«

Sie hatte ihr einen Stift und ein Blatt Papier hingehalten. Mit dem Finger hatte sie ihr gezeigt, wo sie unterschreiben solle. Die Unterschrift, hatte sie wiederholt, also, deinen Namen. Wenn ihr Name Love war, wie konnte dann die Unterschrift aussehen? Ein Herz, natürlich. Sie nahm den Stift, als wäre es ein

Löffel, und malte ganz vorsichtig, auf die Umrisse achtend, seine Form.

An den folgenden Tagen geschah nichts.

Sie war mit anderen Mädchen in einem Zimmer untergebracht. Wenn es Zeit war zu essen, aß sie, wenn es Zeit war hinauszugehen, ging sie in den Hof. Hätte es nicht Love gegeben, wäre es ihr hier richtig gutgegangen: niemand belästigte sie, sie aß mehrmals am Tag, schlief, wann sie Lust dazu hatte. Wenn sie auf dem Feldbett lag, erzählte sie sich, um seine Nähe zu fühlen, die Geschichte von dem einbeinigen Zinnsoldaten.

Die Geschichte ging so: Er war in einer Schachtel zusammen mit vielen anderen Zinnsoldaten, die noch beide Beine hatten, in dieses schöne Haus gekommen. Dort wohnte eine Tänzerin. Die Tänzerin hatte auch zwei Beine, da sie aber immer auf einem Bein stand, wirkte es, als hätte sie nur eines. So verliebte er sich in sie. Aber sie sind weit voneinander entfernt, und er kann nicht mit ihr sprechen. Eines Tages steht der Soldat auf dem Fensterbrett, es kommt ein Windstoß, und er fällt herunter. Ein Kind setzt ihn in ein Papierboot, und das Bötchen schwimmt rasch auf dem Wasser davon, begegnet einem Fisch, und der Fisch frißt es auf. So landet der einbeinige Zinnsoldat in dem Bauch des Fisches, als wäre er sein Kind.

Die Geschichte, die sie kannte, endete hier, aber das konnte nicht das richtige Ende sein, weil sie gesehen hatte, daß noch viele Seiten zu lesen waren, also ging die Geschichte noch weiter und endete erst später.

An einem jener Tage, während sie so dalag und sich die Geschichte vorsagte, war eine Frau an die Tür gekommen und hatte laut »Love« gesagt. Wenn man sich mit einem Dorn in den Fuß sticht, springt man so, wie sie aufgesprungen war, als sie jenen Namen hörte. Sie war der Frau durch die Flure gefolgt und von einem Bein aufs andere hüpfend neben ihr hergegangen.

Love mußte dort hinter einer dieser Türen sein. Sollte sie ihm mit einem Sprung um den Hals fallen, sowie sie ihn sah? Ja, und er würde sie mit seinen starken Armen ein wenig in der Luft halten. Dann würden sie von dort weggehen. Draußen erwartete sie ein Auto. Es führe rasch mit ihnen davon.

Als die Frau die Finger auf die Klinke legte, ging sie ein wenig in die Knie, zum Sprung bereit... die Tür öffnete sich: da stand nicht Love, sondern ein Mann im weißen Kittel.

Der Mann sagte: »Herein mit der Liebe!« Er hob sie hoch, setzte sie auf eine Liege und sagte: »Zieh dir den Schlüpfer aus.«

Er war nicht wie Mirko und auch nicht wie der Rächer. Statt ihr sein Ding hineinzustecken, steckte er ein Eisen hinein. Anstatt freundliche oder häßliche Worte zu sagen, schwieg er. Zum Schluß wusch er sich die Hände unter fließendem Wasser, obwohl er sie sich gar nicht schmutzig gemacht hatte. Während er sie wusch, hatte er hmm, hmm gemacht, und als sie, wieder mit Schlüpfer, von dem Liegebett heruntergestiegen war, hatte er zu ihr gesagt: »Da drinnen ist ein Kind, weißt du das?«

Hatte er es hineingetan, es mit dem glänzenden, kalten Eisen hineingeschoben? Das konnte nicht sein, sie hatte es genau betrachtet, bevor er es hineinsteckte: es sah aus wie ein Löffel; halb wie ein Trichter und halb wie ein Löffel, und vorn drauf und in der Mitte war einfach gar nichts. Also war es Love gewesen, Love, er hatte es ihr in der letzten Nacht hineingetan, ohne daß sie es gemerkt hatte. Er hatte gesagt: »Ich will dich ganz, ich will ein Kind mit dir, ganz für uns allein«, und da war das Kind gekommen. Es hatte sich dort drinnen eingenistet wie in einem kleinen Häuschen.

Deshalb hatte sie in den letzten Tagen nie Hunger. Sie hätte soviel essen können, wie sie wollte, aber sie hatte auf nichts Lust, höchstens sich zu übergeben. Ja, sich zu übergeben, wie damals, als Mirko ihn ihr in den Mund gesteckt hatte. Indessen wuchs das Kind dort drinnen, es wuchs schon seit vielen, vielen Tagen.

Manchmal schlägt man Eier auf, um sie zu essen, und dann kann man sie gar nicht essen, weil kein Eigelb da ist, sondern etwas, das aussieht wie Spucke. Nur etwas fester war es als Spucke.

Einmal hatte sie genau hingeschaut, auf der Spucke waren so etwas Ähnliches wie zwei Augen und ein weiches, leicht geöffnetes Teil, das der Schnabel zu sein schien. Kurz, wenn es noch ein wenig dort drin blieb, wurde ganz bestimmt ein Küken daraus.

Dort, wo der Bauch gewesen war, hatte sie jetzt ein Ei, und das Ei würde weiter und weiter wachsen, bis man erkennen konnte, daß etwas darin war. Es wuchs, es wuchs jetzt schon. Wenn man im Februar die großen Erdschollen aufhebt, ist Gras darunter, es ist schon richtig kräftiges Gras, aber noch unten drunter.

Es wächst, dachte sie und legte sich mit den Händen auf dem Bauch auf ihr Feldbett.

Am nächsten Morgen war sie nicht mehr dort, sondern saß mit einer Dame, die sie an der Hand hielt, im Zug. Man hatte ihr gesagt, sie sei noch zu klein, um an diesem Ort zu bleiben, und sie an den Bahnhof gebracht. Sie war noch nie Zug gefahren. Es war schön. Wenn man sich auf die eine Seite setzte, ging die Welt vorwärts, wenn man sich auf die andere setzte, rückwärts. Es war um so schöner, weil sie wußte, daß all diese Bewegung stattfand, um sie zu Love zu bringen. Niemand hatte es ihr gesagt, aber sie wußte es trotzdem. Es gibt Dinge, die weiß man einfach, wie die Vögel wissen, wann der Winter kommt. Die Dame war freundlich, ab und zu fragte sie: »Willst du etwas essen? Mußt du aufs Klo?«

Doch sie wollte nichts, sie wollte nur bald ankommen, möglichst bald.

Dann war sie eingeschlafen. Während der Kopf hin und her fiel und anstieß, hatte sie geträumt. Anstelle ihres Gesichts hatte sie das Gesicht eines Engels von der Brücke. Das Gesicht war aus Stein, es zerfiel ihr in Stücke, und sie konnte nichts dagegen tun. Als sie versuchte, es festzuhalten, hörte sie die Stimme ihrer echten Mama. Laut rief die Mutter über die Wiesen rundherum nach ihr, aufgebracht, aber Vesna antwortete nicht. Sie saß in einem Busch und hatte ein Ei zwischen den Beinen. Das Ei öffnete sich, und statt eines Kükens kam ein Engel heraus: ein Engel wie der von der Brücke, aber ganz leicht, so leicht, daß er sie an der Hand nahm und mit ihr gen Himmel flog. Wie der Himmel beschaffen war, erfuhr sie dann nicht mehr, weil sie sich plötzlich in Loves Wohnung befand. Sie war allein zu Haus und wußte, daß er gleich kommen würde. Sie war so froh, daß sie auf und ab lief, wie die Hunde es machen, wenn sie sich freuen. Sie hörte die Schritte auf der Treppe. Sie stand bereit, als die Türe aufging, und statt Love war es ihr Vater. Er packte sie am Arm, bog ihn ihr nach hinten, und sie fiel hin. Dabei schlug sie mit dem Kopf hart gegen den Boden.

Plötzlich war sie wach. Wo war sie? Ach ja, sie saß im Zug.

Die Welt draußen ging nirgendwo mehr hin. Es war dunkel, und man konnte nichts erkennen. Doch sie wußte auf einmal, wohin sie unterwegs war. Es ging zu ihren wahren Eltern, zu ihren kleinen Geschwistern dort unten am Fluß.

Sie packte die Dame am Arm, rüttelte ihn, schrie: »Pipi.«

Sie blieb eine Weile im Klo. Die Dame stand draußen und klopfte ab und zu. Als der Zug die Fahrt verlangsamte, zog sie den Bauch ein, soweit sie konnte, versuchte, zu werden wie diese platten, glitschigen Tiere, die im Wasser leben und Blut saugen. Auf diese Weise zwängte sie sich durch den Fensterspalt hindurch, und sowie der Zug noch langsamer fuhr, ließ sie sich hinunterfallen. Unten war Gras, da Herbst war, wuchs es nicht mehr.

Vier ganze Tage brauchte sie, um in Loves Stadt zurückzukehren. Sie stieg in Autos und Lastwagen ein und wieder aus. Manche Fahrer verlangten etwas dafür, daß sie sie mitnahmen, und sie ließ sie machen, wie sie Mirko hatte machen lassen, ohne nachzudenken. Als sie in den Vorstädten ankam, war es tiefe Nacht. Anstatt sogleich zu ihm zu gehen, schlüpfte sie in ein offenes Haustor. Sie versteckte sich zwischen den Kellern und dem Treppenaufgang. Sie schlief überhaupt nicht. Dies war die letzte, wirklich die letzte Nacht, die sie nicht in dem Bett schlief. Konnten einem unsichtbare Engelsflügel an den Füßen wachsen, dort wo sonst die Schuhe sind? Am nächsten Morgen würde es so sein, sie wollte zu ihm hinfliegen. Anstatt die Treppe hinaufzugehen, würde sie direkt vor Loves Wohnung landen. Er schliefe noch um diese Zeit, schliefe wie ein Kind. Erst wollte sie ihm ein wenig beim Schlafen zusehen, dann würde sie ganze leise mit den Knöcheln an die Scheibe pochen. Er würde aufspringen, das Fenster öffnen. Leichtfüßig wollte sie hineinhüpfen und ihm den Bauch zeigen, das Ei, das im Bauch heranwuchs. Von jenem Augenblick an hätten sie für immer glücklich und zufrieden zusammengelebt.

Im Morgengrauen war sie mit einem Bus bis zum Fluß gefahren. Von dort war sie zu Fuß weitergegangen. Die Schuhe waren immer noch dieselben, keine Flügel waren an ihrer Stelle zum Vorschein gekommen. So war sie, anstatt zu fliegen, gezwungen, von unten hinaufzuschauen. Zwei Fenster waren erleuchtet, und eines stand offen. Als sie klingelte, stieg das Läuten auf einem geheimen Weg in die Wohnung hinauf und kehrte durch die geöffneten Scheiben zu ihren Ohren zurück. Das Herz war ihr indessen in die Kniekehlen gerutscht, und sie wußte nicht, wie sie es wieder heraufholen sollte. Sie klingelte noch einmal, das Herz klopfte ihr bis an den Hals, und nichts geschah. Oder besser gesagt, etwas schon, aber sie wußte nicht, ob es wahr sein konnte oder nicht. Hinter einem Vorhang war flüchtig eine Gestalt erschienen. Eine Gestalt, die aussah wie eine Frau.

Und wenn Love nun inzwischen, während sie fort war, woandershin gezogen wäre, in eine größere Wohnung? Um das zu erfahren, konnte sie nur eins tun, nämlich die Leute fragen, die jetzt dort wohnten. Zwei Personen traten aus dem Haustor. Als die dritte, ein dickliches Kind, herauskam, schlüpfte sie hinein. Immer zwei Stufen auf einmal nehmend, rannte sie die Treppe hinauf, hielt kurz vor der Tür inne, um wieder zu Atem zu kommen. Auf dem Treppenabsatz spürte sie etwas, was sie vorher noch nie bemerkt hatte. Auch wenn sie ganz still und bewegungslos dastand, bewegte sich etwas, etwas rührte sich in ihrem Bauch. War das schon ihr Kind? Wollte es so früh heraus? Wenn Love es schon draußen sah, konnte er denken, es sei von jemand anderem. Es mußte noch warten. Sie legte eine Hand auf den Bauch und sagte es ihm ganz leise. Sie sagte: »Hab keine Eile, wir werden dann noch ganz lange zusammensein, du, ich und auch Papa.«

Dann stellte sie sich auf die Zehenspitzen und läutete. Hier war das Geräusch der Klingel viel stärker, man konnte alles hören, was hinter der Tür vorging. Und tatsächlich hörte sie, hörte, wie die Stimme eines Kindes sagte: »Wer mag das sein um diese Zeit?« und die Stimme einer Frau antwortete: »Vielleicht ist es der Eilbriefträger.« Schritte näherten sich der Tür. Vesna warf die Haare, die ihr übers Gesicht fielen, nach hinten über die Schultern und richtete sich auf. Aber die Frau trat nie vor sie hin. Aus dem Hintergrund der Wohnung hörte man die Stimme eines Mannes. »Mach nicht auf«, schrie die Stimme, »um diese Zeit sind es nur Zigeuner oder Zeugen Jehovas!«

Love.

Einen Augenblick lang dachte sie: »Es ist nicht wahr. Es klingt wie er, aber er ist es nicht.« Auch wenn sie gewollt hätte, hätte sie nicht weggehen können. Ihre Füße waren zu Holz geworden. Das Holz mit seinen Wurzeln dehnte sich, die Beine hinauf, über den ganzen Körper aus. Das Herz war noch da, doch es war jetzt wie versteinert, als habe es zu schlagen aufgehört. So hörte sie sie noch weiter sprechen.

»Erzähl mir die Geschichte zu Ende«, sagte die Stimme eines Kindes, und die Stimme des Mannes: »Du bist schon zu spät dran, ich erzähle sie dir heute abend, bevor du ins Bett gehst.« Die Stimme aus dem Film, genau die. Die Stimme von Love.

Auch wenn man Steine ein Stück weit in die Luft wirft, fallen sie dann wieder herunter. Sie ging die Treppe hinab, ohne es zu merken. Sie ging weiter hinunter als bis zum Parterre, gelangte ins Kellergeschoß. Wäre dort keine Mauer gewesen, sie wäre noch weiter gegangen. Vor der Mauer knickte sie die Knöchel ab, beugte die Knie, ließ sich zusammensacken, bis sie saß.

Sie war weder müde, noch verspürte sie Hunger oder Lust auf sonst irgendwas. Sie wußte kaum, wo sie war. Im Bauch bewegte sich etwas. War es das Ding, das fast wie Spucke war? Ja, das mußte es sein. Es wollte herauskommen, ans Licht. Hier aber war es so dunkel, daß man fast gar nichts sah, und es stank auch heftig. Wenn sie ihm eine Geschichte erzählte, würde es dann versprechen, sich ruhig zu verhalten, und ihr nicht mehr zusetzen? Sie kannte nur eine Geschichte, immer dieselbe: von zweien, die sich verlieben, weil sie beide nur ein Bein haben. Er war Soldat, sie tanzte. Er war viel verliebter als sie, sie liebte ihn sogar überhaupt nicht, denn sie hielt sich immer fern und konnte ihn eigentlich nicht ausstehen. Dann geschieht eines Tages ein Unglück. Er fällt aus dem Fenster und wird von einem Fisch gefressen. Dort ist alles dunkel, und er versteht überhaupt nichts mehr. Dann denkt er daran, daß er schon einmal, als er noch wie Spucke war, in einem Bauch gelegen war. Eines Tages wird der Fisch geangelt, und ein Herr ißt ihn ganz auf, wo der Soldat hinkommt, weiß man nicht, aber keiner mochte ihn, und deshalb ist es nicht so wichtig. Die Tänzerin hat sich indessen in einen anderen Soldaten verliebt. Der hat drei Beine, und sie heiraten und werden für immer glücklich, weil er ihr ein Bein schenkt.

Wer weiß, welche Geschichten den Kindern gefallen, bevor sie geboren werden? Ihrem hatte diese Geschichte überhaupt nicht gefallen. Sie hatte ihm so wenig gefallen, daß es im Dunkeln herausgekommen war, sie spürte es zwischen ihren Beinen in etwas Warmem planschen, das Blut sein mußte.

Übersetzt von Maja Pflug

Paola Capriolo

Der Erzähler-Gott

Vor allem müßte ich entscheiden, wer ich bin. Vielleicht der Leichnam des Lord, ausgestreckt auf dem Fußboden der Bibliothek, mit einer Kugel im Körper, genau in Höhe des Herzens. Man versteht indes gut, daß von einem derartigen Gesichtspunkt aus, sofern ich nicht auf unbeweisbare Hypothesen über das Fortleben der Seele zurückgriffe, mir recht wenig zu erzählen bliebe. Ich könnte statt dessen der Mörder sein, der mit vorsichtigen Schritten ungesehen den Schauplatz des Verbrechens verläßt, aber in diesem Fall würde ich offensichtlich in die entgegengesetzte Schwierigkeit geraten und hätte dann nicht mehr zuwenig, sondern zuviel und dieses Viele allzu schnell zu sagen.

Wer also bin ich? Der hartnäckige Detektiv, der nach und nach die verwickelte Geschichte entwirrt, oder der eine oder andere der Zeugen, die Schritt für Schritt verdächtigt und wieder entlastet werden? Oder ein Gott, der von oben herabschaut, und der alles sieht, alles kennt, und sein unbegrenztes Wissen in einer schrittweisen und zeitlich verzögerten Offenbarung ausbreitet? Oder vielleicht ein Gott mit getrübtem Blick, dem sich die Erlebnisse der eigenen Geschöpfe nur von weitem und unklar und verschwommen zeigen; ein Gott, der oft nicht weiß, aber zu erraten versucht, was sich in den Herzen und Gemütern verbirgt, hungrig nach Ereignissen, durstig nach Wahrheit, durch sein eigenes Unvermögen listig und neugierig gemacht.

Aber warum sollten die Augen mit der unvollkommenen Sehleistung ausgerechnet in die Bibliothek geraten, sich auf den leblosen Körper des Adligen richten und in krankhafter Weise daran Gefallen finden, die tödliche Wunde zu betrachten, die von einem Geschoß oder besser noch von dem antiken Brieföffner zugefügt wurde, dessen mit Intarsien verzierter Elfenbeingriff senkrecht und schreckenerregend aus der Brust des Opfers aufragt? Warum all dieses und nicht statt dessen etwa eine Edeldame und ein Ritter, die im Saal einer turmbewehrten Burg Schach spielen, während an das Spitzbogenfenster das Rauschen eines kalten und grauen Meeres dringt, das von wenigen abenteuerlichen Schiffen durchpflügt wird? Die Turnierpferde stampfen und wiehern in den Stallungen, wo das dämmrige Licht sie fast gänzlich dem Blick des Gottes entzieht. Diener und Vasallen laufen geschäftig hierhin und dorthin, man weiß nicht recht, was sie tun: die üblichen Dinge, kann man vermuten, die eben ihrem Stand als Diener und Vasallen entsprechen. Bei den Mägden verspürt man die Neigung, genauer zu sein und zunächst festzustellen, daß sie alle wunderschön sind; Mädchen von edlem Geblüt, in Knechtschaft geraten durch das wechselnde Glück der Kriege. An zweiter Stelle bleibt zu melden, daß sie in diesem Augenblick gerade die edle Erscheinung ihrer Herrin pflegen (eine Prinzessin, versteht sich), indem sie ihr die langen blonden Haare kämmen und ihren weißen Körper mit kostbaren Salben und Essenzen aus dem Orient einreiben.

Aber der Gott ist zu neugierig, zu ungeduldig und verwechselt oft das Zuerst mit dem Danach. Die Zeit ruht vor ihm wie ein unbeweglicher Raum, gemacht aus Licht und Schatten und dennoch vollkommen gegenwärtig, und nur mit großer Anstrengung kann er sich in die bizarre Sehweise hineinversetzen, mit der die Sterblichen diese ausgedehnte Weite betrachten, indem sie diese, wer weiß warum, mit einem ständigen Fließen, einem unaufhörlichen Hinübergleiten von einem Nichts in das andere verwechseln. Wenn man die Dinge auf diese Weise betrachtet, nach dem Zuerst und dem Danach, ist es offensichtlich, daß die vertrauliche Zeremonie der Mägde um den entblößten Leib ihrer Herrin sich nicht in Anwesenheit des Ritters abspielen kann, und daß folglich die Schachpartie schon zu Ende sein muß, oder aber noch gar nicht angefangen hat. Der Gott hat sie fast vergessen, die Schachpartie und das graue Meer, das in der Ferne rauscht, ganz zu schweigen von dem armen Lord, der immer noch auf dem Boden liegt, in Erwartung einer nach seinem Tod vollzogenen Rache. Die Rache kann warten, das Meer mag ruhig fortfahren mit seinem Rauschen, fern und ungehört: Die ganze Aufmerksamkeit des Gottes ist lustvoll konzentriert auf den Ritus des Ankleidens der Dame oder ihres Auskleidens; er kann es doch nicht wissen, weil er das Zuvor vergessen hat und das Danach. Er sieht nur, als wäre es die Ewigkeit, den Augenblick, in dem der junge Körper sich nackt zwischen den Kleidern der Mägde aufrichtet. Und er hält diesen Augenblick fest, dehnt ihn, gefällt sich darin, seinem göttlichen Geist jede noch so kleine Einzelheit davon einzuprägen. Hierbei hält er sich mit solcher Hartnäckigkeit auf, daß man fürchten muß, der Lauf der Welt komme, seiner Laune gehorchend, für immer zum Stillstand. Denn obwohl bekanntlich Laune definitionsgemäß etwas Unbeständiges und Flüchtiges ist, kann die Laune eines Gottes diesen vergänglichen Charakter bewahren und dennoch bis in alle Ewigkeit andauern. Vielleicht weiß er nichts von unserer Ewigkeit, die in seiner eingeschlossen ist wie ein Tropfen Wasser in der kalten und grauen Weite jenes Meeres, das wir schon erwähnt haben und das indessen unbeirrt weiterrauscht.

Aber was hat der Lord mit der Prinzessin zu tun, der Schauplatz des Verbrechens mit der turmbewehrten Burg, Ort der Turniere und des wetteifernden Minnesangs? Nichts, würde der Gott antworten, der wie alle Götter ein sehr schlechter Erzähler ist. Oder er würde einen solchen Zusammenhang nur für sich selbst aufzeigen und darüber hinaus präzisieren, daß diese geheime Verbindung sich ebenso auf einen gewissen weißen Elefanten aus dem Heer Hannibals erstreckt, auf eine Koralleninsel, deren rötliche Sandstrände bisweilen von den nackten Füßen wilder Kannibalen betreten werden, oder auf ein berühmtes Operntheater einer europäischen Stadt, wo genau in diesem Augenblick, während die Prinzessin sich ankleidet oder auskleidet, das Debüt eines zu unvergänglichem Ruhm bestimmten Werkes einsetzt.

Er ist versucht, das blasse Burgfräulein ein wenig außer acht zu lassen und dabei zu verweilen, das Aussehen der Kannibalen zu beschreiben, das in der Tat sehr malerisch ist, mit der tätowierten Haut und dem hohen Kopfschmuck aus Federn; und gleichzeitig denkt er mit unbestimmter Trauer an die Legionen, die aus einem fernen Land kommen werden oder gekommen sind, um diese stolzen Wilden zu versklaven; und er denkt an den großen Komponisten, der im gleichen Augenblick zwischen Alpengipfeln wandert und versucht, sich das Debüt seines Werkes vorzustellen, dem er nicht beiwohnen kann aus Gründen, an die sich der Gott so aus dem Stegreif nicht zu erinnern vermag.

Obwohl nicht mit Allwissenheit ausgestattet, ist sein göttlicher Geist in der Tat fähig, gleichzeitig zwei verschiedene Gedanken zu entwickeln, und wenn er will, auch noch mehr: Es wäre also nicht unangemessen zu vermuten, daß wenigstens ein Quentchen seines Geistes frei geblieben ist, um weiterhin das Bild der Prinzessin aufzunehmen. Der Lord hingegen interessiert ihn überhaupt nicht; auf ihn wird er eventuell wieder zu sprechen kommen, wenn die Nachforschungen über seinen Tod in ihr unvorhersehbares Schlußstadium eintreten, das von dem Gott bereits vorausgesehen und vergessen wurde. Im Grunde macht er nichts anderes, als immer und immer wieder die gleichen Bücher zu lesen, oder er blättert sie lustlos durch und vertauscht dabei bisweilen die Reihenfolge der Seiten. Nur die von der Vorsehung bestimmten Lücken des Gedächtnisses, die Kurzsichtigkeit des Blickes bewahren ihn davor, in den grenzenlosen Abgrund der Langeweile zu stürzen, und wenn es ihm passiert, daß er einen Theologen hört, der sein unendliches Wissen und seine Weitsicht erörtert, ist er beunruhigt und beeilt sich, dies auf jede nur mögliche Art in Abrede zu stellen.

Er betrachtet seine eigenen Geschöpfe, hybride Zeugungen aus Überdruß und Zerstreuung, und manchmal, wenn die Menschen mit besonderen Fähigkeiten begabt sind, läßt er sich sogar noch einmal fesseln von dem ihm nur allzu bekannten Schauspiel ihrer Lebensschicksale. So mußte dieser nackte Körper, wer weiß warum, seiner Aufmerksamkeit entgangen sein, und kehrt jetzt wieder in seine Vorstellung zurück als etwas ziemlich Willkommenes, vergleichbar mit jenem, von den Menschen als »Überraschung« definierten Ereignis, das den Wesen seines Ranges verwehrt ist. Es mißfällt ihm lediglich, daß in dem Register der Dinge, die waren und sein werden, wie ihm deucht, keinerlei Affären zwischen ihm und der Prinzessin aufgeführt sind. Übrigens gehört er nicht zu der Art von Göttern, die sich immerfort in die Geschehnisse der Welt einmischen: Er beschränkt sich darauf, aus der Höhe, mit getrübtem Blick, zu beobachten. Er ist nicht das, was man einen Gott der Tat nennt.

Manchmal schließt er die Augen, um zu prüfen, ob auf diese Weise die Wirklichkeit nicht zufällig zu existieren aufhören würde, aber in der Finsternis des Nichtsehens erreichen ihn weiterhin die verschwommenen und vielfältigen Geräusche des Lebens, und enttäuscht öffnet er wieder die Augen.

Es hat ihm immer gefallen, dieses neue Präludium, das im Halbdunkel des Theaters erklingt. Oft hält er die Zeit an und läßt es zu, daß eine kurze Folge von Tönen sich so viele Male wiederholt, daß die Menschen von einer Unendlichkeit sprechen würden, so wie sie vielleicht auch dieses sein zielloses Umherschweifen unendlich nennen und darüber die Geduld verlieren. Sie wissen nicht, daß ein Gott, auch wenn nicht allwissend, zu viele Ereignisse sieht, um auch nur eins davon von Anfang bis Ende erzählen zu können; er weiß ja gar nicht, was Anfang und Ende ist, er verwechselt sie miteinander, vertauscht nach Laune die Abfolge der Ereignisse, die Reihenfolge der Seiten, und seine Aufmerksamkeit schweift überall herum und verliert sich schließlich im endlosen Gewimmel zweitrangiger Begebenheiten.

»Zweitrangig« ist ein Wort, dessen Sinn er nie verstehen konnte. Jede Sache erscheint in seinen Augen so sehr mit allen anderen verflochten, daß bisweilen die Konturen sich verwischen in der Schau eines einzigen gigantischen Seins, das aus Teilen besteht, die sich lieben, sich bekämpfen und sich oft gegenseitig nicht kennen. Wenn er dennoch, der Gewohnheit der Sterblichen folgend, eine Rangordnung zwischen den Elementen des Universums aufstellen müßte, würde er ohne Zweifel an die erste Stelle eine bestimmte Feder aus dem linken Flügel des Engels setzen, der ihm morgens das Frühstück serviert; eine lange Feder, deren Farbe nirgendwo in der Natur vorkommt und die sich vom banalen Weiß seines Federkleides abhebt. In dieser Rangordnung würden folgen: das zu unvergänglichem Ruhm bestimmte Werk, eine Galionsfigur von der Gestalt einer Sirene, die sich in einer Grotte des Nordmeeres befindet, die himmlischen Augen eines jungen Hirten, Sproß einer leidenschaftlichen Verbindung eines Menschen mit einer Göttin, und schließlich natürlich, oder vielleicht auch an erster Stelle, das Ankleiden der Prinzessin in dem Saal der turmbewehrten Burg. Aber Rangordnungen dieser Art, dessen ist er sich bewußt, können in gar keiner Weise die Grundlage für eine zusammenhängende Sicht der Welt bilden.

Und so schaut er zufällig hierhin und dorthin, und wenn er erzählt, spricht er ins Blaue hinein und verwechselt derart das Zuerst und das Danach, daß alles stillzustehen scheint oder seltsam um sich selbst herum gewunden oder sich wie im Krebsgang rückwärts bewegend. Und von neuem fragt sich der Gott, welchen Sinn es dann habe, dieses sein verwirrtes Schauen, und erneut schließt er die Augen, und öffnet sie wieder, und nichts hat sich verändert.

Und darum tut er manchmal so, insbesondere in den Morgenstunden des Herbstes, als würde er den Engel mit der schönen Feder nicht bemerken, der sich ihm behutsam mit dem silbernen Tablett nähert: Er kauert sich unter die Bettdecke und sinkt in einen Traum zurück, in dem alle Bilder miteinander verflochten sind, uneingedenk des Zuerst und des Danach, und in dem sich alle Dinge schwebend und ohne Ursache ereignen.

Übersetzt von Manfred Hardt

Nachwort

Über die Autorinnen dieses Bandes und ihre Werke

»Auch Botticelli war eine gute Partie«, wähnen Mutter und Schwestern der gedemütigten Camilla, Heldin der gleichnamigen Erzählung, die drei Jahre mit Luigino Lanna ging, bevor dieser sie sitzenließ... Aber der neue Bräutigam fügt Camilla eine erneute Demütigung zu, und so weist sie ihn entschlossen zurück und mit ihm zugleich die bürgerliche Welt mit ihren Wertvorstellungen und Klischees von Ehe und Glück. Durch ihre Entscheidung verwirklicht sie sich als Persönlichkeit und gewinnt ihre innere Freiheit zurück, wie der Schluß der Geschichte, mit der für Messina typischen Pointierung, vermeldet: »Und ihr schien, allein wie sie war, als sei sie frei und frisch und neu, wie die Rosen, die in der Sommernacht dufteten.«

Die meisten Erzählungen der lange vergessenen und zu Recht wiederentdeckten Sizilianerin *Maria Messina* (1887–1944) handeln von verheirateten und unverheirateten Frauen, die, alleinstehend beziehungsweise innerlich oder äußerlich allein gelassen, von widrigen Umständen und fast immer von wirtschaftlicher Not bedrängt, im sizilianischen Alltag um 1900 um ihr Überleben als Frau, um ihre persönliche Würde und Freiheit kämpfen. »Die Männer sind dazu geboren, die Frauen zum Weinen zu bringen, wenn die Frauen sie nicht zur Verzweiflung treiben...«, lautet ein bezeichnendes Zitat aus einer dieser Erzählungen (*Don Lillo*).

Das zentrale Motiv der Auseinandersetzung zwischen Frauen und Männern entfaltet die in Palermo geborene Schriftstellerin vor dem Hintergrund scharf gezeichneter, detailgetreuer Ambienti aus der sizilianischen Provinz. Obwohl Messina in ihrer Themenwahl, in der Bevorzugung kleinbürgerlicher Schichten und in ihren detail- und milieugetreuen Schilderungen stark an die veristische Darstellungsweise Vergas erinnert, mit dem sie lange Jahre in Kontakt stand, übertrifft sie diesen durch die Vertiefung und Verfeinerung der Psychologie ihrer Gestalten, vor allem ihrer Frauengestalten: An die Stelle von Vergas oberflächlichen, mechanistisch konzipierten Charakterbildern setzt sie eine differenzierende, auch feinere Regungen der Seele registrierende Analyse, die ihren veristisch gezeichneten, scharf konturierten Figuren eine bei Verga fehlende innere Dynamik, Tiefe und Glaubwürdigkeit verleiht. Wahr und überzeugend sind die Heldinnen der Erzählungen Messinas, sei es, daß sie sich wie Camilla durch reflektierte Entscheidungen und schmerzhaften Verzicht zu innerer Freiheit durchringen, sei es, daß sie im Kampf mit einem unerbittlichen Schicksal unterliegen, wie die unbekannte, mit schonungsloser Härte gezeichnete Prostituierte aus *Gente che passa* (*Passanten*), deren Leben in der Gluthitze eines Sommertags endet: »Sie streckte die Arme aus und stürzte zu Boden, flüsterte ihre Antwort in den Staub. Die Luft stand, und die Landstraße war verlassen; das Meer plätscherte ohne Rast, leise, leise.«

»Heute ist es schwierig, die Wirklichkeit zu erzählen, weil sie nebelhaft, wirr, chaotisch, unentzifferbar geworden ist. Jeder kann nur einen sehr kleinen Ausschnitt aus ihr kennen. Darum glaube ich, daß man heute nur noch erzählen kann, wenn man ›ich‹ sagt.« Im Unterschied zu der stilistisch geformten, aus der Distanz der einfühlenden und allwissenden Autorin geschriebenen Prosa der Messina hat sich *Natalia Ginzburg* (1916–91) auf der Suche nach Wahrheit in einer unüberschaubaren Welt und einer in ihren Augen chaotischen und herabgekommenen menschlichen Gesellschaft der Technik eines Erzähler-Ichs verschrieben, das aus nächster Nähe und in lakonischer, durch keinerlei stilistische oder rhetorische Formungen verstellter Klarheit die Wahrheit der konkreten und nackten Tatsachen vermitteln möchte. Als Tochter eines jüdischen Vaters in Palermo geboren, verbrachte sie ihre Jugend in Turin, wo sie auch ihren ersten Mann, Leone Ginzburg, Historiker und Kritiker der russischen und französischen Literatur, heiratete. Gemeinsam mit ihm durchlitt sie die Schrecken der faschistischen Verfolgung. Schließlich wurden sie und ihre Familie für drei Jahre in ein Dorf in den Abruzzen verbannt; 1944, einige Monate nach dem Verlassen des Dorfes, starb ihr Mann, der eine führende Rolle im Widerstand gespielt hatte, in dem Gefängnis Regina Coeli in Rom an den Folgen der Folterungen durch die Gestapo. So wurde sie, zusammen mit Giorgio Bassani und Primo Levi, eine der wichtigsten Kronzeugen und Chronisten der faschistischen Judenverfolgung in Oberitalien. Von der Verbannung ihrer Familie erzählte sie u. a. in ihrem 1952 erschienenen Buch *Tutti i nostri ieri* (*Alle unsere Gestern*); ihre gesamte Familiengeschichte hat sie dann unverhüllt in dem 1963 veröffentlichten *Lessico famigliare* (*Familien-Lexikon*) dargestellt, das zusammen mit *Le voci della sera* (*Stimmen des Abends*) von 1961 ihren literarischen Ruhm begründete.

Nach dem Kriege war Ginzburg als Lektorin im Verlag Einaudi tätig, zusammen mit Cesare Pavese, und wurde wie dieser stark von der nun frei zugänglichen Literatur Amerikas, insbesondere dem neueren amerikanischen Roman, beeinflußt. Ginzburgs abgründiges Mißtrauen gegenüber der Sprache ist nur zu verstehen vor dem Hintergrund der skrupellosen Sprachverwendung durch die politische Rhetorik und Propaganda des Faschismus. Paveses Forderung: »Wir empfinden alle, daß man in unserer Zeit die Worte zu der konkreten und nackten Klarheit zurückführen sollte, die sie besaßen, als der Mensch sie schuf, um sich ihrer zu bedienen«, hat uneingeschränkte Gültigkeit für Natalia Ginzburg. Ihre Absage an jedwede stilistische oder rhetorische Gestaltung der Sprache und an jedes Pathos, die sie in ihrem Aufsatz *Silenzio* (*Schweigen*) von 1951 und einigen weiteren Essays begründet hatte, führten sie nach und nach zu einer extrem lakonischen, nüchternen, nicht selten geradezu monotonen Erzählweise, die einen ihrer Höhepunkte 1984 in dem Briefroman *La città e la casa* (*Die Stadt und das Haus*) erreicht. Dabei ist zu beachten, daß ihr Lakonismus nicht etwa ein Akt persönlicher Willkür ist, sondern adäquater und gewollter sprachlicher Ausdruck einer Weltsicht, die vor allem die »monotona uniformità nei destini degli uomini«, die »monotone Einförmigkeit in den menschlichen Schicksalen« gewahr wird. »Unsere Lebensläufe vollziehen sich nach alten, unveränderlichen Gesetzen, nach einem ihnen innewohnenden, einförmigen und alten Rhythmus«, lesen wir in der Erzählung *Winter in den Abruzzen*. Diese Gedanken umreißen das zutiefst pessimistische und hoffnungslose Weltbild der Natalia Ginzburg, die ihre Zeit als eine verdorbene Epoche, eine »epoca malsana« ansah und das menschliche Leben als einen Taumel zwischen unerfüllten Hoffnungen und Sehnsüchten empfand – eine Perspektive, die von ihr im Laufe der Jahre immer entschiedener, immer hoffnungsloser in eine spröde und beklemmend monotone Prosa umgesetzt wurde.

Elsa Morante (1918–85), die vielleicht bedeutendste italienische Schriftstellerin unserer Zeit, debütierte 1941 mit dem Erzählband *Il gioco segreto* (*Das geheime Spiel*). Der Band erschien somit just in dem Augenblick, in dem Elio Vittorini mit seinem programmatischen Roman-Manifest *Conversazione in Sicilia* (*Gespräch in Sizilien*) Grundlagen des sogenannten »Neorealismus« legte, eine Stilrichtung, die in den folgenden Jahren die Entwicklung der italienischen Prosa stark beeinflußte und mit der sich auch Elsa Morante auseinanderzusetzen hatte. Schon mit diesen frühen Erzählungen stellte sie indes ihre Eigenständigkeit, die Originalität ihrer Weltsicht und ihre neue, »magische« Art der Realitätsbewältigung unter Beweis. Aufsehen erregte auch der 1948 mit dem *Premio Viareggio* bedachte Roman *Menzogna e sortilegio* (*Lüge und Zauberei*), der auf über 700 figuren- und ereignisreichen Seiten die Geschichte einer Familie aus dem Süden Italiens über drei Generationen hinweg verfolgt. Subtile Seelenerkundungen, eingebettet in den Wechsel realistischer Szenen mit traumhaften Zuständen und lyrisch-musikalischen Stimmungen kennzeichnen dieses epische Werk.

In ihrem zweiten, wesentlich kürzeren Roman von 1957 *L'isola di Arturo* (*Arturos Insel*) kehrten diese Elemente wieder; doch konzentrierte sich jetzt das psychologische Interesse der Autorin auf einige wenige Gestalten, dafür aber auf um so bohrendere Leidenschaften mit vielen schmerzlichen und abgründigen Akzenten. Später ist Elsa Morante, die auch zwei Lyrikbände vorlegte (1958 und 1968), vor allem durch ihr monumentales Werk *La storia* (*Die Geschichte*) bekannt geworden, mit dem sie den Versuch unternahm, die Ereignisse des Zweiten Weltkriegs in der Form eines Romans zu bewältigen. Eine Sammlung sehr bedenkenswerter Essays erschien posthum (1987) unter dem Titel *Pro e contra la bomba atomica e altri scritti* (*Für oder wider die Atombombe und andere Essays*).

1963 hatte die gebürtige Römerin, die lange Jahre mit Alberto Moravia verheiratet war, ihren zweiten Erzählband mit neuen (und auch einigen bereits früher veröffentlichten) Erzählungen unter dem Titel *Lo scialle andaluso* (*Der andalusische Schal*) herausgebracht. Die aus diesem Band stammende Erzählung *Die Großmutter* belegt in beispielhafter Weise den neuen magischen Realismus der Prosa Morantes, der jede simple mimetische Darstellung verschmäht und statt dessen Wirklichkeit neu interpretiert in Personen, Ereignissen und poetischen Bildern, in denen eine souverän waltende Phantasie geheimnisvolle, mythische Zusammenhänge zwischen den Erscheinungen, und insbesondere zwischen Mensch und Natur, sichtbar macht. Elena, in einer Mißehe verkümmert und dann mit vierzig Jahren verwitwet, findet eine späte, doch intensive Erfüllung mit Giuseppe, dessen Mutter jedoch in einer unergründlichen und, wie sich dann zeigt, auch unüberwindlichen Weise der Entfaltung ihres gemeinsamen Glücks im Wege steht. »Sie hatte das Gefühl, als hätten Mutter und Sohn einen magischen Kreis um sich gezogen, den zu überschreiten ihr nicht gestattet war. Sie blieb außerhalb der Kreislinie, furchtsam und wie verzaubert«, lesen wir in der Erzählung. So wie das Leben verläuft, kann Elena jedoch diesen magischen Kreis nicht respektieren. Sie heiratet Giuseppe und hat mit ihm zwei Kinder. Aber in dem gleichen Maße, in dem sich auf diese Weise ihr Glück zu verwirklichen beginnt, schwinden Glück und Lebenskraft von Giuseppes Mutter dahin, die nun »Großmutter« ist. Körperlich und seelisch ausgezehrt, stürzt sie sich schließlich in die tobenden Fluten eines Wildbaches – und unbegreifliche, abgründige Kräfte, eine unüberwindliche Anziehung bewirken, daß ihre beiden Enkelkinder kurz darauf in den gleichen Fluten ertrinken und damit auch Elenas und Giuseppes Glück ein Ende findet. Ein »magischer« Realismus fürwahr, der immerzu in verschlungenen Bildern und Ereignissen und in ständiger Anspannung auf die Erkenntnis der Geheimnisse und der inneren Beweggründe menschlicher Schicksale gerichtet ist – und der dem Leser oft genug den festen Boden vertrauter Wirklichkeit entzieht.

In deutlichem Kontrast zu der kalten und pessimistischen Welt Natalia Ginzburgs und dem von untergründigen Kräften durchwirkten Realismus einer Elsa Morante gestaltet die 1931 in Rom geborene *Rosetta Loy* in ihren Erzählungen und Romanen fast immer vertraute, gefühlswarme Welten, vorzugsweise aus dem Bereich des Familienlebens und der Häuslichkeit. Nach ihren ersten drei Romanen: *La bicicletta* (1974),

La porta dell'acqua (1976) und *L'estate di Letuchè* (1982) ist hierfür ein besonders gelungenes Beispiel ihr vierter, 1987 erschienener Roman *Le strade di polvere*, mit dem sie in Italien und dann auch in Deutschland (*Straßen aus Staub*, 1989) einen großen Erfolg hatte und weithin bekannt wurde. In einfühlender, sehr weiblicher und oft intimistischer Manier erzählt der Roman die Geschichte von drei Generationen einer bäuerlichen Familie aus dem Piemont. Dabei werden die einzelnen Geschehnisse, die zeitlich vom Ende des 18. bis etwa in die Mitte des 19. Jahrhunderts reichen, festgemacht an der beseelten Dinglichkeit und wohnlichen Gegenständlichkeit eines Hauses, das bei allen äußeren Wechselfällen der ruhende und in seiner Wärme und relativen Geborgenheit kaum angetastete Mittelpunkt des erzählten Geschehens bleibt. Keine auch noch so weltbewegenden oder blutigen Ereignisse, wie etwa die Feldzüge Napoleons in Oberitalien oder die Revolution von 1848, können diesen Familieninterieurs etwas anhaben, auch und gerade dann nicht, wenn sie im Roman erwähnt werden. So heißt es etwa in einer typischen Passage aus dem Beginn des fünften Kapitels: »Für die Rosetta vom Fracin war der 48er Krieg ein Segen. Wenn die Gebirgsjäger von Lamarmora nichts brauchten, dann die Fußsoldaten von Ramorino oder noch besser die Königliche Kavallerie; der Camurà kam gar nicht mehr nach mit dem Beschaffen von Stoffbahnen, so groß war der Verschleiß der Uniformen, der Brandschaden der Streifschüsse oder einfach die Abnutzung der Sättel...«. Und so kann die Handlung unbehindert weiterspielen zwischen Kapellen und Kachelöfen, der »lauen Wärme in den Zimmern« und dem Ehebett: »Was Rosetta vom Fracin sich so lange gewünscht hat, was unmöglich zu sein schien, kann nun doch eintreten... Sie und Gavriel eine ganze Nacht zusammen; sich lieben und schlafen, erwachen und sich lieben, und dann wieder schlafen, und sich im Schlaf umdrehen und eine Hand, einen Arm, den Mund küssen. In dem großen Nußbaumbett von Camurà geht die Zeit anders...«.

Ja, in den Romanen und Erzählungen Rosetta Loys geht die Zeit ein wenig anders, als in der realen Welt, und gerne benutzt sie kriegerische Konflikte als kontrastierende Folie, vor der sie ihre Geschichten aus dem Familienleben, über Mann und Frau, Verlöbnis und Hochzeit, Geburten und Kindererziehung erzählt. Auch in *Walter Palmaran* aus dem 1984 erschienenen Erzählband *All'insaputa della notte* (*Im Ungewissen der Nacht*) dient der Krieg, diesmal der Spanienkrieg (1936–39), als Kulisse, die aber stets sorgfältig bedeckt gehalten wird, so daß der Alltag ungestört verlaufen kann in jenem piemontesischen Haus mit dem auffallenden futuristischen Dach. Und eines Tages kommt Walter Palmaran »hereingeschneit«, ein ungewöhnlicher, leidenschaftlicher und auch ein wenig undurchsichtiger Mann, der als »einer der größten Musikkritiker Europas« gilt... Szenen aus dem Leben einer italienischen Familie im Sommer 1939, vor dem Hintergrund des beginnenden Zweiten Weltkriegs, bilden wiederum den Gegenstand der aus dem gleichen Band stammenden Erzählung *Das Mädchen für einen Sommer*, die ihr Hauptaugenmerk diesmal auf die Gefühlswelt der heranwachsenden Kinder, vor allem auf die Söhne Luigi und Pietro und auf deren pubertierende Umtriebe richtet. In die spannungsreiche Welt dieser unreifen Halbwüchsigen gerät Pia Marcon hinein, das

Mädchen, das für »einen Sommer« im Hause aushelfen soll. Im Mittelpunkt steht dabei die aufkeimende Liebe zwischen Pia und dem ältesten Sohn Pietro, die, wie der Schluß der Erzählung in einem der für Loy typischen raschen Zeitsprünge vermeldet, im Lauf des Krieges zu einer im Fronturlaub geschlossenen (und bald wieder aufgelösten) Ehe führt.

Mit der Journalistin und Schriftstellerin *Dacia Maraini* kommt eine Autorin zu Wort, die von ihren literarischen Anfängen an die Stellung der Frau in der italienischen Gesellschaft zu ihrem zentralen Thema gewählt hat. Als Tochter eines berühmten Ethnologen 1936 in Florenz geboren, verbrachte sie einen Teil ihrer Kindheit (bis 1946) in Japan; später lebte sie in Palermo und schließlich in Rom. Sie arbeitete zunächst als Journalistin in den Redaktionen verschiedener Zeitschriften, bevor sie 1962 ihren ersten Roman *Le vacanze* veröffentlichte, der dem Leben der Frauen ihrer Generation in Italien und dem Thema der für diese Zeit typischen sexuellen Freizügigkeit gewidmet war. Eine ähnliche Thematik kehrt auch in ihrem zweiten Roman *L'età del malessere* von 1963 (*Die Zeit des Unbehagens*) wieder, wobei jetzt das Thema der Bewußtseinsbildung der Frau eine größere Rolle spielt. Unheldische Heldin des Romans ist Enrica, ein siebzehnjähriges Mädchen aus einem Elendsviertel Roms, das, nachdem es lange Zeit von Cesare, Carlo und anderen Männertypen mißbraucht wurde und sich mißbrauchen ließ, endlich aufgrund ihrer Erfahrungen ein neues Bewußtsein entwickelt, das sie zu dem Entschluß bringt, einen Beruf zu ergreifen und ein unabhängiges Leben zu führen: »Der Sommer ist nah, dachte sie, und bald wird für mich ein neues Leben beginnen«, heißt es hoffnungsvoll am Ende des Romans.

Das Thema der Emanzipation der Frau durchzieht leitmotivisch das Gesamtwerk der Maraini, die neben weiteren Romanen auch mehrere Komödien und Lyriksammlungen sowie Essays veröffentlichte. Einen beachtlichen Erfolg errang Dacia Maraini kürzlich auch mit dem Roman *La lunga vita di Marianna Ucrìa*, der farbig erzählten Geschichte einer großen palermitanischen Familie mit der taubstummen Marianna Ucrìa im Mittelpunkt, ein Werk, das innerhalb eines Jahres nach seinem Erscheinen im Februar 1990 nicht weniger als elfmal aufgelegt wurde.

Der hier abgedruckte Text *Mein Mann* ist ein Auszug aus dem Roman *Il mio marito* von 1968. Obwohl der äußeren Darstellung und dem sanften sprachlichen Duktus nach scheinbar ganz dem Manne in fügsamer Unterordnung gewidmet, ist diese witzige Männersatire aus weiblicher Feder in erster Linie dennoch als Ausdruck eines höchst kritischen, selbständigen und emanzipierten Bewußtseins einer Frau zu lesen. In durchgehend laudativem, jeden Mißklang vermeidendem Ton wird das Porträt Marios vor uns aufgebaut: »Mein Mann ist elegant ... Mein Mann wird von seinen Freunden geliebt ... Mein Mann ist geistreich ...«, so tönt es ständig aus dem Munde der ergeben Kaffee kochenden und Wohnung lüftenden Ehefrau. Aber was soll man von einem Mann halten, der seiner Frau eine Kröte ins Bett legt, ihr einen Kuchen mit eingebackener Maus serviert, die Post der Nachbarn klaut, der vor allem nicht die geringsten Zweifel an sich selbst kennt und mit dieser Selbstgewißheit schließlich einen Ratsuchenden zum Selbstmord und einen anderen zum Abhacken seiner Hand treibt? So steigert sich die frech und ironisch erzählende Satire zur Groteske, die den Kontrast zwischen der äußerlich heilen Welt von Mann und Frau und ihrer extremen inneren Inkongruenz auf eine beklemmende Weise sichtbar macht.

Die 1936 in Neapel geborene *Fabrizia Ramondino*, ein herausragendes Erzähltalent, machte die Erinnerung an ihre in der Heimatstadt und deren Umgebung verbrachten Kinder- und Jugendjahre zum wichtigsten Motiv ihrer Romane und Erzählungen. Sie wuchs allerdings nicht nur in Neapel, sondern auch in Palma de Mallorca und in Frankreich auf; später war sie einige Zeit in Deutschland, wo sie in einem Frankfurter Verlagsbüro arbeitete und an der Münchener Berlitz School Sprachunterricht erteilte. 1957 nach Italien zurückgekehrt, wohnte sie seit 1960 erneut in Neapel, lehrte dort ab 1966 als Studienrätin Französisch und lebte dort seit 1983 als freie Schriftstellerin, Übersetzerin und Kritikerin; heute wohnt sie in der Nähe von Neapel.

Schon mit ihrem ersten, 1981 erschienenen Roman mit dem merkwürdigen Titel *Althénopis* (eine dem antiken Namen Neapels, Parthénopis, »Jungfrauenauge«, nachempfundene Benennung der Stadt durch die deutschen Besatzer; zu übersetzen etwa mit »Altenauge«) erregte sie in Italien Aufsehen. Natalia Ginzburg, die diesen Roman ebenso wie die späteren *Storie di patio* (*Die Vögel des Narcís*) von 1983 im Verlag Einaudi lektorierte, erkannte sogleich die ungewöhnlichen Qualitäten dieser Autorin, und Elsa Morante nannte *Althénopis* das beste Buch des Jahres 1981. In ihrem Erstlingswerk versuchte Fabrizia Ramondino, deren

Erzählstil übrigens manches mit dem ihrer beiden »Entdeckerinnen«, Ginzburg und Morante, gemein hat, sich ihre Kindheit und Jugend zu vergegenwärtigen, vor allem ihre Kinderjahre, die sie in Neapel, genauer gesagt in Santa Maria del Mare, im Hause der Großmutter zubrachte. Die Gestalten der geheimnisvollen und sinnlichen Großmutter und der eher kühlen und rationalen Mutter stehen im Mittelpunkt des Romans, der wie das große Werk Marcel Prousts ganz der Suche nach der verlorenen Zeit gewidmet ist und dennoch mit der sinnlich-weiblichen Wärme und Konkretheit seiner Detailbeschreibungen, seinen magisch und beschwörend wirkenden Personen und Räumlichkeiten und mit seinen leuchtenden, uralte archaische Welten und Gesetze heraufbeschwörenden Bildern und Symbolen eine völlig eigenständige künstlerische Lösung findet.

Die Welt linksorientierter Studenten, Intellektueller und Arbeiter, ihre Diskussionen und Initiativen, aber auch ihre Einsamkeit und Hilflosigkeit außerhalb der Gruppe waren Gegenstand ihres zweiten Romans mit dem Titel *Un giorno e mezzo* (*Ein Tag und ein halber*), der 1988 erschien. Die äußere, Einheit stiftende Klammer des figurenreichen und viele Gruppen- und Einzelszenen entfaltenden Romans ist der Handlungsort: die herabgekommene Villa d'Amore, die sich, ein strahlendes Symbol des alten, für immer versunkenen Neapel, über dem Golf von Neapel erhebt. Auch die ungewöhnlich knapp bemessene Handlungszeit, nämlich ein und ein halber Tag, tragen zur Geschlossenheit dieses ungewöhnlichen Werkes bei, das seine eigentliche innere Kohärenz dennoch in kosmischen Zusammenhängen sucht: in »Astrologischen Angaben«, die am Schluß des Bandes die Stadt Neapel, die Villa d'Amore und die einzelnen Figuren in geheimnisvolle, überirdische Bezüge einordnen.

Bei alledem darf nicht übersehen werden, daß Fabrizia Ramondino keine »echte« Neapolitanerin war. Sie hatte nicht nur viele Jahre ihrer Jugend anderswo verbracht, sondern auch während ihrer neapolitanischen Jahre »oft das Viertel und das Dorf gewechselt«. Sie beherrschte daher auch nicht den neapolitanischen Dialekt und hatte überhaupt, wie sie in ihrer Erzählung *Star di casa* aus dem gleichnamigen Erzählband von 1991 (deutsche Übersetzung u. d. T. *»Nicht sehr verläßlich zu Haus . . .«*) bekennt, »nicht eine Muttersprache, sondern zwei, das Italienisch meiner Mutter, einer kosmopolitisch gesinnten neapolitanischen Dame, und das Mallorkinisch meiner Amme, einer Bäuerin aus Sa Pobla . . .«. Neapel bedeutete also für sie stets Heimat und Fremde zugleich, und in diesem Sinne bekennt sie in der gleichen Erzählung: »Ich bin also in Neapel nicht verläßlich zu Haus.«

Einer der schönsten und gelungensten Versuche der Ramondino, längst vergangene Zeiten durch Verräumlichung zu vergegenwärtigen und so zu unverlierbarem inneren Besitz zu vergewissern, ist die Erzählung *Variationen über ein altes Thema* aus dem eben zitierten Band. Der mit großer künstlerischer Konzentration aufgebaute, in seiner äußeren Form nach der christlichen und mystischen Siebenzahl in ebenso viele Abschnitte gegliederte Text beschwört erneut in dinglich-konkreter wie symbolisch-emblematischer Weise Szenen kindlichen Erlebens im Hause der Großmutter herauf. Dabei wird wiederum deutlich, daß bei diesem Versuch, in der Erinnerung heimisch zu werden, und in der Heimat wirklich »zu Hause« zu sein, das Haus als geheimnisvolle Struktur bewohnbarer Räumlichkeiten für die Künstlerin die eigentlich bewegende und bewirkende Rolle spielt. Zugleich zeigt die Erzählung beispielhaft die Tendenz der Autorin zur Ritualisierung des Geschehens, zur kosmischen Einbindung aller Erscheinungen und zur mythisch-zirkulären Struktur eines Erzählens, das alle einzelnen Vorgänge als Teile einer ewigen Wiederkehr konzipiert und in scheinbar kindlicher Perspektive einem jeden Ding einen festen Ort in der Hierarchie der Erscheinungen zuweist.

Demgegenüber treten in der den *Storie di patio* entnommenen Erzählung *Die Milchschwestern* ambientale und räumliche Strukturierungen wie auch die autobiographischen Motive zurück gegenüber dem Aufbau der Figuren, ihrer Psychologie und der zwischen ihnen und um sie herum entstehenden Beziehungsfelder. In der Form eines Triptychons wird das Schicksal dreier Frauengestalten aufgerollt: Im ersten Teil die Geschichte der Signora Ersilia, einer Prostituierten von ungewöhnlicher Schönheit, die, mit dem Rechtsanwalt Alfonso Gargiulo verheiratet, sich in ihrer Rolle als ehrbare Ehefrau gut gefällt und sich auch als gute Bettgefährtin erweist. Ihre erstgeborene Tochter Marlise muß sie, da ihr die Milch ausbleibt, einer Amme übergeben, der einfachen Landfrau Maria Nunziata, die gerade ihr drei Monate altes Kind Giacinta säugt. So wachsen die beiden »Milchschwestern« Marlise und Giacinta gemeinsam auf, werden aber dann für immer getrennt. Der zweite Teil des wiederum unerhört farbigen und detailfreudigen Gemäldes schildert den absteigenden Lebensweg der Marlise, die in Alkohol und in völligem körperlichen und geistigen Verfall endet.

Der dritte Teil berichtet vom Geschick der behinderten und stummen Giacinta (auch ihre Mutter kann wegen eines Zungenkrebses nicht mehr sprechen), die nach dem mißlungenen Versuch, sie zu verheiraten, im Irrenhaus landet, schließlich doch wieder ins Elternhaus zurückkehrt, in dessen Garten sie von einem ihrer geliebten Bäume fällt und stirbt... Auf den ersten Blick drei unterschiedliche Schicksale, die dennoch bei näherem Zusehen eine Vielzahl untergründiger Beziehungen, Entsprechungen, ja innerer wechselseitiger Abhängigkeiten erkennen lassen. Eine Erzählung, die nur in der Synopsis, durch simultane Wahrnehmung ihrer drei Teile, ihre volle erfahrungsgesättigte Wahrheit preisgibt.

Susanna Tamaro wurde 1957 in Trieste geboren und verbrachte dort ihre Jugend. Trotz ihrer Herkunft aus diesem mitteleuropäischen Schmelztiegel der Rassen und Kulturen und obwohl Großnichte des deutschstämmigen Italo Svevo, kennt die junge Schriftstellerin im Unterschied zu manchen Künstlern aus diesem Raum keine Identitätsprobleme in kultureller und sprachlicher Hinsicht. Obwohl sie Deutsch und einige andere Sprachen versteht und ihre Brüder, wie sie selbst berichtet, besser Deutsch als Italienisch sprechen, identifiziert sie sich voll mit der letzteren Sprache. 1976 ging sie nach Rom, um am dortigen Zentrum für experimentelle Filmkunst ihr Diplom als Filmregisseurin zu erwerben. Danach arbeitete sie etwa zehn Jahre lang am italienischen Fernsehen als Dokumentarfilmerin im naturwissenschaftlichen Bereich. Heute lebt sie als freie Schriftstellerin in Rom und in der Nähe von Orvieto. Nach vier unveröffentlichten Romanversuchen erschien 1988 ihr erster Roman mit dem Titel *La testa fra le nuvole* (*Kopf in den Wolken*). Stark von Kafka und dessen Karl Rossmann inspiriert, erzählt das Werk die Geschichte des jungen Ruben und seiner schwierigen Erfahrungen in einer überwiegend feindseligen Welt. In die Geschichte des Erwachsenwerdens von Ruben und seiner Selbstverwirklichung sind in auffallendem Maße kosmische, metaphysische, biblische und – Ausdruck der persönlichen Interessen der Autorin – naturwissenschaftliche Themen eingebunden: die Beschaffenheit und Evolution des Universums und seiner bedrohlichen Instabilität (dargestellt u. a. am Motiv der fallenden Sterne), Infinitesimalrechnung, Zahlentheorie und Zahlensymbolik, biblische oder christliche Themen wie etwa die Frage nach der Entstehung der menschlichen Sprache, nach dem ersten von Menschen ausgesprochenen Wort und nicht zuletzt ausgedehnte, detaillierte Beschreibungen von Bäumen und Pflanzen (die in der ursprünglichen Fassung noch länger waren und daher vom Verleger gekürzt wurden). So entstand insgesamt ein Romanwerk, das wegen seines gedanklichen Anspruchs, seiner komplexen, teilweise konfus wirkenden Inhalte und nicht zuletzt wegen seiner meist langen und komplizierten Sätze nicht als gefällige Unterhaltungsliteratur gelten kann. Der Roman, der den *Premio Rapallo per la donna scrittrice* und den *Premio Elsa Morante, opera prima* erhielt, machte zugleich deutlich, daß Susanna Tamaro keine typische Vertreterin ihrer Generation ist: Sie verschmäht die Thematisierung politischer Ideen und Strömungen. Das mag, wie sie selbst vermutete, daran liegen, daß sie nie an einer Universität studiert und daher auch nicht an den Studentendiskussionen und

-bewegungen jener Jahre und den nachfolgenden Desillusionen teilgenommen hatte; Themen, über die so viele aus ihrer Generation schrieben.

Sie, die nach eigenem Bekenntnis das Schweigen liebt und das Fernsehen haßt, versteht sich als eine »Einzelgängerin« und sucht auch ihre Themen (und Formen) einzelgängerisch, vor allem außerhalb der gefälligen Konsumliteratur. Davon legt auch ihr zweites, 1991 erschienenes und ebenfalls mit Literaturpreisen bedachtes Prosawerk *Per voce sola* (deutsche Übersetzung u. d. T. *Love*) ein beeindruckendes Zeugnis ab, das fünf denkwürdige »Erzählungen« in sich vereint, die allesamt keine gewöhnlichen »Erzählungen« mehr sind, sondern monologisierende Prosastücke, in denen mühsam sprechende, ganz nach innen gerichtete Stimmen dem »Inneren Monolog« ähnelnde Selbstgespräche führen und so dem Leser ihre Erlebnisse kundtun. In dem ersten Stück *Wieder einmal Montag* wird zwar formal ein Tagebuch angeredet, im Grunde handelt es sich aber um das Selbstgespräch einer jungen Frau über ihre Adoptivtochter Dorrie, die, als Säugling in einem Müllkübel gefunden und nun seit sechs Jahren von ihr aufgezogen, wegen ihrer frühkindlichen Schädigung immer noch nicht ihre Ängste und Alpträume überwunden hat. Sowohl in seiner monologischen Struktur wie auch mit der Thematik des bedrohten, geschädigten Kindes ist dieses Stück als Prolog der vier nachfolgenden zu sehen, in denen stets durch eine einzelne Stimme, eben *per voce sola*, ein Kinderschicksal artikuliert wird. So trägt *Eine Kindheit* in monologisierender Ich-Form die Geschichte eines Jungen vor, der ursprünglich ein großer Naturforscher werden wollte, dann aber durch schlimmste Erfahrungen in der gefühllosen Erwachsenenwelt zum Mörder wird. Auch in *Unter dem Schnee* »erzählt« ein autobiographisches Ich, das sich diesmal in drei Briefen an ein fernes, stummes »Du« richtet: Es ist die Stimme einer älteren Frau, die als minderjährige Schülerin von einem jungen amerikanischen Stabsarzt geschwängert wurde und dann, von den Eltern gezwungen, ihr Kind (das im Brief angesprochene »Du«) zur Adoption freigeben mußte. Der letzte Text des Bandes, *Per voce sola*, die Titelgeschichte der italienischen Ausgabe, thematisiert das die Autorin ebenfalls stark beschäftigende Thema der Judenverfolgung und der Euthanasie: Die Stimme einer Jüdin berichtet rückblickend, wie ihre geisteskranke Mutter zur Vernichtung abtransportiert wurde, ihr Mann, durch faschistische Haft gebrochen, Selbstmord begeht und schließlich auch ihre Tochter (damit taucht das Motiv des schutzlosen Kindes wieder auf) an den Spätfolgen des faschistischen Terrors zugrunde geht.

In der hier aufgenommenen Erzählung *Love* berichtet wiederum die zage Stimme eines hilflosen Mädchens von ihren brutalen Erlebnissen in der Erwachsenenwelt: Das zehnjährige Zigeunerkind Vesna wird, da sie wegen einer Hasenscharte zur Verheiratung nicht taugt, an einen fremden Halunken verkauft, von diesem zum organisierten Betteln angehalten; von mehreren Männern sexuell mißbraucht, geht es schließlich an den Folgen einer Fehlgeburt zugrunde. Dieser Text ist der einzige des Bandes, der nicht in der Ich-Form spricht, sondern in der dritten Person. Und doch ist es wieder die Solostimme eines Opfers, die sich hoffnungslos nur nach innen, nur noch an sich selbst richtet. Und auch diese Stimme spricht wie die übrigen in einer Sprache, die in ihrer Unmittelbarkeit, ihrer rhetorischen Enthaltsamkeit und in ihrem Lakonismus an Natalia Ginzburg erinnert, die denn auch zu den zufriedenen Lesern dieses Buches gehörte. 1992 veröffentlichte Susanna Tamaro ihr erstes Kinderbuch, *Il cuore di Ciccia*, die tragikomische Geschichte eines dikken Jungen.

Paola Capriolo, 1962 in Mailand geboren und damit noch sehr jung, ist gleichwohl literarisch kein unbeschriebenes Blatt mehr. Ihr Erstlingswerk war ein schmaler Band mit vier Erzählungen, der 1988 u. d. T. *La grande Eulalia* erschien und bei den italienischen Lesern und Kritikern wohlwollend aufgenommen wurde. Schon 1989 folgte ein weiterer, wiederum schmaler Band, der Roman *Il nocchiero*; beide Werke erhielten italienische Literaturpreise und wurden in mehrere Sprachen übersetzt. Bereits zwei Jahre später erschien ihr zweiter Roman mit dem Titel *Il doppio regno*. Die Autorin, die eine gewisse Neigung zum Märchen und zum Märchenhaften hat, brachte 1991 auch ein Märchenbuch für Kinder heraus, *La ragazza della stella d'oro*.

In ihren Erzählungen und Romanen entführt uns die Autorin gerne in fremde, geheimnisvolle oder geradezu märchenhafte Welten. Ein gutes Beispiel dafür ist die Titelerzählung ihres ersten Buchs, die Geschichte von der großen Eulalia: Ein junges, unscheinbares Bauernmädchen schließt sich einer Truppe fahrender Schauspieler an. In einem Spiegel im Inneren des Wohnwagens, in dem sie mit ihrer Herrin, einer Schauspielerin, wohnt, erblickt sie eines Tages auf wunderbare Weise einen schönen jungen Mann, dem sich alsbald eine nicht minder schöne Dame zugesellt.

Auf wiederum wunderbare Weise aber verwandelt sich nun das häßliche Bauerngänschen und nimmt nach und nach die strahlende Schönheit der geheimnisvollen Dame aus dem Spiegel an. Wegen ihrer Schönheit und wegen der rätselhaften, schwermütigen Geschichten, die sie einem großen Publikum vorträgt, wird sie zu einer berühmten, im ganzen Land gefeierten Schauspielerin, eben zur »großen Eulalia«, deren Leben aber dann ein ganz und gar märchenhaftes Ende nimmt... Selbst wenn die Handlung, wie etwa in der Geschichte von dem Fährmann Walter und seiner Linda in dem Roman *Il nocchiero* in vertrauten Milicus spielt, sind es fast immer geheimnisumwitterte Personen oder Ereignisse, mit denen sie den Leser zu fesseln sucht.

Paola Capriolo ist heute als Übersetzerin und Journalistin tätig. Als letztere schreibt sie auch in der berühmten *Terza Pagina* des *Corriere della sera*; übersetzt wurde von ihr u. a. Thomas Manns *Tod in Venedig*. Die hier ausgewählte Erzählung *Il Dio narrante* (*Der Erzähler-Gott*), 1987 geschrieben und zwei Jahre später in der Zeitschrift *Leggere* veröffentlicht, gehört zum Besten, was sie bisher als Prosaautorin hervorgebracht hat. Der in Stil und Sujet ungewöhnliche Text ist weniger eine Erzählung als vielmehr eine spritzig und amüsant geschriebene, zugleich tiefschürfende und suggestive Reflexion über das Erzählen. In der Fiktion eines »Erzähler-Gottes«, dem Identität, Kausalität und zeitlichräumliche Ordnung unbekannt sind und dessem trübem, synoptischem Blick sich alle Dinge und Erscheingungen, zu welcher Zeit und an welchem Ort auch immer, als gleich relevant und miteinander verwoben darbieten, stellt dieser Versuch in frecher Provokation vertraute Erzählinstanzen in Abrede: die Gewißheit eines Erzählers, Kohärenz und Struktur der Handlung, die Schlüssigkeit der handelnden Figuren und natürlich Zeit, Raum und Kausalität als Grundkategorien des Gestaltens und Verstehens. Eine Prosa somit, die weniger erzählt als vielmehr mit den Möglichkeiten des Erzählens spielt, und die, Text und Metatext zugleich, in jedem Augenblick spielerisch über sich selbst erhaben ist.

Manfred Hardt

Quellenverzeichnis

Paola Capriolo, *Der Erzähler-Gott.* Dt. von Manfred Hardt. Aus: *Italiana. Antologia dei nuovi narratori* © 1991 by Paola Capriolo, Mailand

Natalia Ginzburg; *Winter in den Abruzzen.* Dt. von Hedwig Kehrli. Aus: *Winter in den Abruzzen. Kleine Prosa* © 1988 by Friedenauer Presse, Berlin

Rosetta Loy, *Das Mädchen für einen Sommer.* Dt. von Maja Pflug. Aus: *Im Ungewissen der Nacht* © 1991 by Arche Verlag, Zürich

dies., *Walter Palmaran.* Dt. von Maja Pflug. Aus: *Im Ungewissen der Nacht,* a.a.O.

Dacia Maraini, *Mein Mann.* Dt. von Inez de Florio-Hansen. Aus: Klaus Stiller (Hg.), *Italienische Erzählungen des 20. Jahrhunderts* © 1982 by R. Piper Verlag, München. © der Originalausgabe 1968 by Gruppo Editoriale Fabbri, Bompiani, Sonzogno

Maria Messina, *Camilla.* Dt. von Maja Pflug. Aus: *Der zerronnene Traum* © 1992 by Arche Verlag, Zürich

dies., *Passanten.* Dt. von Maja Pflug. Aus: *Der zerronnene Traum,* a.a.O.

Elsa Morante, *Die Großmutter.* Dt. von Susanne Hurni-Maehler. Aus: *Der andalusische Schal* © 1966, 1985 by Claassen Verlag, Düsseldorf

Fabrizia Ramondino, *Die Milchschwestern.* Dt. von Maja Pflug. Aus: *Die Vögel des Narcìs. Zehn Erzählungen* © 1987 by Arche Verlag, Zürich

dies., *Variationen über ein altes Thema.* Dt. von Maja Pflug. Aus: *»Nicht sehr verläßlich zu Haus...« Erinnerungen an Neapel* © 1992 by Arche Verlag, Zürich

Susanna Tamaro, *Love.* Dt. von Maja Pflug. Aus: *Love. Fünf Erzählungen* © 1992 by Diogenes Verlag, Zürich

Über den Herausgeber

Manfred Hardt, geb. 1936 in Siegen. Studierte Romanistik in Bonn, Freiburg, Paris und Florenz. Promotion (1964) und Habilitation (1972) bei Hugo Friedrich. Von 1974–1979 Prof. für Romanische Philologie in Freiburg. Seit 1979 Ordinarius für Romanistik/Italianistik in Duisburg. Zahlreiche Buchveröffentlichungen, u. a. *Flauberts Spätwerk* (1970), *Die Zahl in der Divina Commedia* (1973), *Poetik und Semantik* (1976); Herausgeber von *Literarische Avantgarden* (1989). Vortragsreihen und Präsentationen zeitgenössischer italienischer Schriftsteller und Schriftstellerinnen, Premio Montecchio di studi italo-tedeschi (1977).

Der zerronnene Traum. Erzählungen
Deutsch von Maja Pflug
285 Seiten. Gebunden

Elsa Morante
Traumtagebuch. Diario 1938
Herausgegeben von Alba Andreini
Deutsch von Maja Pflug
123 Seiten. Gebunden. Farbschnitt. Leseband

Für oder wider die Atombombe
und andere Essays
Vorwort von Cesare Garboli
Deutsch von Maja Pflug
195 Seiten. Gebunden. Farbschnitt. Leseband

Fabrizia Ramondino
Althénopis. Kosmos einer Kindheit
Deutsch von Maja Pflug
Nachwort von Lea Ritter-Santini
368 Seiten. Gebunden

Ein Tag und ein halber
Roman
Deutsch von Maja Pflug
324 Seiten. Gebunden

Die Vögel des Narcìs
Zehn Erzählungen
Deutsch von Maja Pflug
310 Seiten. Gebunden